D0869305

Meditaciones

para sanar tu vida

19

MEDITACIONES PARA SANAR TU VIDA

LOUISE L. HAY

HAY HOUSE, INC.
Carlsbad, California
London · Sydney · Johannesburg
Vancouver · Hong Kong · New Delhi

Título original: *Meditations to Heal Your Life*
Editor original: Hay House, Inc., Carson (California)
Traducción: Equipo editorial

©1994 by Louise L. Hay

©1995 by Hay House, Inc., Carlsbad, CA

ISBN 13: 978-1-56170-586-3

ISBN 10: 1-56170-586-1

Printed in USA

Impresión 1: Abril 1994
Impresión 7: Febrero 2007

Índice

Introducción, *11*

Aceptación, *13*
Actividades, *15*
Adicción, *17*
Adolescentes, *19*
Afirmaciones, *21*
Alimentos, *23*
Amor, *25*
Amor a uno mismo, *27*
Amor incondicional, *29*
Ampliación de horizontes, *31*
Apoyo, *33*
Arreglar las cosas, *35*
Autoridad, *37*

Barreras, *39*
Belleza, *41*

Cambio de mentalidad, *43*
Chismes, *45*
Claridad, *47*

Coche, *49*
Comparaciones, *51*
Compra importante, *53*
Comunicación, *55*
Comunidad, *57*
Conciencia, *59*
Confianza, *61*
Control, *63*
Creatividad, *65*
Crecimiento espiritual, *67*
Críticas, *69*
Cuerpo, *71*
Cuidar a otras personas, *73*
Culpa, *75*
Curación, *77*
Curación del planeta, *79*

Dar y recibir, *81*
Decisiones, *83*
Dejar marchar hábitos, *85*
Delincuencia, *87*
Diálogo interior, *89*

Días festivos, *91*
Digestión, *93*
Dinero, *95*
Dios, *97*
Dolor, *99*
Dolores de cabeza, *101*

Elección, *103*
Ellos, *105*
Empleo, *107*
Energía, *109*
Enfermedad, *111*
Entendimiento, *113*
Errores, *115*
Éxito, *117*
Expectativas, *119*

Facturas, *121*
Familia, *123*
Finalidad, *125*

Grupos de apoyo, *127*
Guía divina, *129*

Hambre, *131*
Hogar, *133*
Humor, *135*

Iluminación, *137*
Inconsciente, *139*
Individualidad, *141*
Ingresos, *143*
Intervenciones quirúrgicas, *145*

Lecciones, *147*
Leyes espirituales, *149*
Libertad de elección, *151*
Luto, *153*

Maltrato de los niños, *155*
Manipulación, *157*
Meditación, *159*
Merecimiento, *161*
Mi mayor bien, *163*
Miedo, *165*
Muerte, *167*
Mujeres solas, *169*

Negocios, *171*
Niños, *173*
Noticias, *175*
Nuevas actitudes, *177*
Nutrición, *179*

Objetivos, *181*
Orden, *183*
Orden perfecto, *185*

Paciencia, *187*
Padres, *189*
Palabras, *191*
Paz, *193*
Pensamientos, *195*
Pérdidas, *197*
Perdón, *199*
Perfección, *201*
Planeta Tierra, *203*
Poder, *205*

Prejuicios, *207*
Preocupaciones económicas, *209*
Progresos, *211*
Prosperidad, *213*

Quehaceres domésticos, *215*

Rechazo, *217*
Relaciones, *219*
Relaciones sexuales seguras, *221*
Religión, *223*
Rencor, *225*
Responsabilidad, *227*

Sentimientos, *229*
Sentirse perdido, *231*
Sexualidad, *233*

Sida, *235*
Sistema inmunitario, *237*
Situación económica, *239*
Sueños, *241*
Suficiente para todos, *243*

Tercera edad, *245*
Terrores, *247*
Tiempo, *249*
Trabajo, *251*
Transición, *253*
Transportes, *255*

Unicidad, *257*

Valía, *259*
Vejez, *261*
Viejas cintas, *263*
Violencia, *265*

Introducción

Este libro propone ideas destinadas a estimular la creatividad de nuestro pensamiento. Nos ofrece una oportunidad para ver otras maneras de abordar nuestras experiencias. Llegamos a este mundo con una mente pura y limpia, totalmente conectada con nuestra sabiduría interior. A medida que crecemos, vamos recogiendo los miedos y las limitaciones de las personas adultas que nos rodean. Cuando llegamos a la edad adulta, ya tenemos muchas creencias negativas de las que ni siquiera somos conscientes. Y solemos construir nuestra vida y nuestras experiencias sobre estas falsas creencias.

En este libro tal vez encuentres afirmaciones con las que no estás de acuerdo, porque es posible que estén en contradicción con tus creencias. No pasa nada. Es lo que yo llamo «remover la olla». No tienes por qué estar de acuerdo con todo lo que yo digo. Pero, por favor, analiza lo que crees y por qué lo crees. Así es como crecemos y cambiamos.

Cuando emprendí mi camino solía poner en duda muchos de los conceptos metafísicos que oía. Cuanto más examinaba mis creencias en relación con las nuevas ideas, más iba comprendiendo que muchas de las cosas que creía estaban contribuyendo a la infelicidad de mi vida. Cuando comencé a aflojar y soltar los conceptos viejos y negativos, mi vida también cambió para mejor.

Empieza por cualquier parte de este libro. Ábrelo por donde quieras. El mensaje será el que tú necesitas en ese momento. Puede confirmar lo que ya crees, o puede cuestionar tus ideas. Todo esto forma parte del proceso de crecimiento. Estás a salvo y todo está bien.

Vivo en un mundo de amor

y aceptación.

Irradio aceptación

Si deseo que me acepten tal como soy, entonces necesito estar dispuesta a aceptar a los demás tal como son. Siempre deseamos que nuestros padres nos acepten totalmente, y sin embargo muchas veces no estamos dispuestos a aceptarlos a ellos tal como son. La aceptación es darnos a nosotros mismos y a los demás la capacidad de ser, sencillamente. Nos comportamos con arrogancia cuando establecemos normas para los demás. Sólo podemos establecer normas para nosotros mismos. E incluso entonces, nos conviene que sean directrices en lugar de normas. Cuanto más nos ejercitamos en aceptarnos a nosotros mismos, más fácil nos resulta abandonar los hábitos que ya no nos sirven. Es fácil crecer y cambiar en un ambiente de aceptación.

Me siento a gusto

con lo que hago.

Avanzo por la vida con facilidad y sin esfuerzo

Vivo todo tipo de experiencias con una actitud abierta a los afortunados hallazgos. Hay infinitas maneras de hacer las cosas. Si hemos hecho mucho trabajo, nos alegramos. Si hemos hecho poco, nos alegramos. Si no hemos hecho nada, también nos alegramos. Hagamos lo que hagamos, es lo perfecto en ese momento. En realidad no hay nada que «tengamos que hacer». Hay cosas que sería mejor hacer, pero siempre podemos elegir. La vida es una aventura y el Universo está de nuestra parte.

Recupero mi poder y supero

todas las limitaciones.

Me perdono y me libero

Una fuerte dependencia de cualquier cosa exterior a mí es adicción. Podemos ser adictos a las drogas, a los fármacos, al alcohol, al sexo y al tabaco; también puedo tener adicción a culpar o juzgar a los demás, adicción a la enfermedad, a las deudas, a ser víctima, a ser rechazado. No obstante, puedo superar estas adicciones. Ser adicto es ceder mi poder a una substancia o un hábito. Siempre puedo recuperar mi poder. ¡Este es el momento en que recupero mi poder! Elijo adquirir el hábito de saber que la vida está aquí, para mí. Estoy dispuesta a perdonarme y seguir adelante. Tengo un espíritu eterno que siempre ha estado conmigo, y que está presente en este momento. Me relajo, me libero, me acuerdo de respirar y voy dejando marchar los viejos hábitos mientras practico los nuevos.

La vida me ama

y estoy a salvo.

Me comunico libremente

Estoy a salvo mientras crezco. Me gusta aprender, crecer y cambiar; me siento seguro en medio del cambio porque sé que forma parte natural de la vida. Mi personalidad es flexible y por eso me resulta fácil avanzar con la corriente de la vida. Mi ser interior es coherente, por lo tanto estoy a salvo en cualquier tipo de experiencia. Cuando era pequeño no sabía lo que me traería el futuro. Ahora que comienzo mi viaje hacia la edad adulta, comprendo que el mañana es igualmente desconocido y misterioso. Elijo creer que estoy a salvo mientras crezco y me voy responsabilizando de mi vida. Mi primer acto adulto es aprender a amarme incondicionalmente, porque así puedo afrontar lo que sea que me traiga el futuro.

Uso mis afirmaciones

juiciosamente.

En el principio era el Verbo

Cada pensamiento que tengo y cada frase que digo es una afirmación, positiva o negativa. Las afirmaciones positivas crean experiencias positivas, y las afirmaciones negativas crean experiencias negativas. Si se planta una semilla de tomate, sólo se convertirá en una tomatera; una bellota de roble sólo se convertirá en un roble. Un cachorro de perro sólo se convertirá en un perro. Si repetimos continuamente afirmaciones negativas sobre nosotros mismos y la vida, sólo vamos a producir más experiencias negativas. Ahora me elevo por encima de la costumbre de mi familia de ver la vida de manera negativa. Mi nuevo hábito de hacer afirmaciones consiste en hablar solamente de lo bueno que deseo en mi vida. Sólo así vendrá a mí lo bueno.

Los alimentos son buenos amigos. Les agradezco que me den su vida para nutrirme.

Me gusta comer buenos alimentos

Comer alimentos buenos y nutritivos es muy agradable, ya sea en casa, en un restaurante, en el campo, o al salir de la oficina. Me amo y por lo tanto elijo ser consciente de lo que me llevo a la boca y de cómo me sienta. Cuando como, pongo combustible en mi cuerpo para que me dé energía. Cada cuerpo es diferente. No puedo decirte lo que debes comer porque no conozco tu cuerpo. Busca el tipo de combustible que necesita para tener una salud y una energía óptimas. Las comidas rápidas son divertidas de vez en cuando, pero algunas personas consideran normal vivir de refrescos, pasteles y platos preparados, que contienen muy pocos elementos nutritivos. Aprender los fundamentos de la buena nutrición es divertido y da energía. Disfruto cocinando y comiendo platos deliciosos, sanos y naturales.

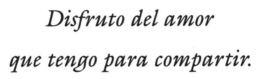

*Disfruto del amor
que tengo para compartir.*

Soy un ser resplandeciente de amor

En lo más profundo de mi ser hay una infinita e inagotable provisión de amor. Jamás podrá agotarlo en esta vida, de modo que no tengo ninguna necesidad de ahorrarlo. Siempre puedo ser generosa con mi amor. El amor es contagioso. Cuando doy amor, vuelve a mí multiplicado. Cuanto más amor doy, más tengo. He venido a este mundo a dar amor. Llegué llena de amor, y aunque dé amor toda mi vida, cuando deje esta tierra continuaré teniendo un corazón lleno y feliz. Si deseo más amor, sólo tengo que dar más amor. El amor es, y yo soy.

*El amor hace girar mi
mundo.*

Mi amor es poderoso

Me trato como a una persona profundamente amada. Toda clase de acontecimientos vienen y van, pero a través de todos ellos, mi amor por mí es constante. Amarse no significa ser vanidoso ni engreído. Las personas vanidosas o engreídas esconden mucho odio hacia sí mismas encubierto por frases como «Yo soy mejor que tú». Me amo a mí misma sencillamente valorando el milagro de mi propio Ser. Cuando me amo de verdad no puedo hacerme daño ni hacérselo a otras personas. Creo que la respuesta para la paz mundial es el amor incondicional, y hemos de empezar aceptándonos y amándonos a nosotros mismos. Ya no espero a ser perfecta para amarme. Me acepto exactamente tal como soy aquí y ahora.

Acéptate total
y completamente
durante todo un día
y ve qué ocurre.

El amor que doy es el mismo que recibo

Cuando me amo y me acepto exactamente tal como soy, aquí y ahora, con todas mis imperfecciones y todo lo que me avergüenza de mí, encuentro más fácil aceptarte a ti de la misma manera. Cuando pongo condiciones a mi amor, por mí misma o por los demás, entonces no amo libremente. Decir «Te amaré si...» no es amar, es controlar. Así pues, aprendo a dejar marchar la necesidad de controlar a los demás y reconozco que tienen la libertad de ser como son. Nos veo a todos esforzándonos en nuestros respectivos caminos, aprendiendo a crear paz en nuestro interior, haciendo lo mejor que sabemos con el entendimiento, la comprensión y el conocimiento que tenemos en cada momento. En la medida que aumenta el número de personas que abre su conciencia al trabajo en el amor incondicional, conectaremos con el nuevo grado de poder espiritual que está aquí para nosotros. Veo un manto de bondad que cubre el planeta y nos ayuda a transformar nuestra conciencia pasando del temor al amor.

Al ampliar mis horizontes disuelvo fácilmente las limitaciones.

La vida es libre y fácil

¿Hasta dónde estamos dispuestos a ampliar los horizontes de nuestra manera de pensar? Mira, la vida es en realidad libre y fácil. Lo que la complica y la limita es nuestra manera de pensar, porque se basa en la vergüenza y la inseguridad. Si empezamos a desaprender algunos de nuestros hábitos de pensamiento limitado y a aprender algo nuevo, entonces podemos crecer y cambiar. ¿O es que ya lo sabemos todo? El problema de saberlo todo es que uno no crece, no deja que entre nada nuevo. ¿De veras aceptas que hay un Poder, una Inteligencia superior a ti? ¿O crees que lo eres todo? Si piensas que lo eres todo, es lógico que tengas miedo. Si comprendes que hay un Poder, una Inteligencia en este Universo muchísimo mayor que tú y que además está de tu parte, entonces puedes entrar en ese espacio mental donde la vida puede obrar libremente y con facilidad.

Me relajo,

sabiendo que la Vida

me apoya en todo instante.

La vida me apoya

No estoy sola ni abandonada en el Universo. Toda la Vida me apoya en cada momento del día y de la noche. Todo lo que necesito para una vida plena ya se me ha dado. Tengo suficiente aire para respirar mientras viva. La Tierra está provista de abundancia de alimentos. Hay millones de personas con las que puedo relacionarme. Se me apoya de todas las maneras posibles. Cada uno de mis pensamientos se refleja en mis experiencias. La vida siempre me dice «Sí». Lo único que necesito hacer es aceptar esta abundancia y este apoyo con alegría, placer y gratitud. Ahora libero de mi conciencia todo hábito o creencia que me niegue mi bien. La Vida misma me ama y me apoya.

El amor es lo único que necesito para arreglar mi mundo.

Amarme es mi varita mágica

Cada día me resulta más fácil mirarme a los ojos en el espejo y decirme: «Te quiero tal como eres». Mi vida mejora sin que yo la arregle. Solía ser una persona a la que le gustaba arreglarlo todo. Arreglaba mis relaciones, mi cuenta bancaria, los problemas con mi jefe, mi salud y mi creatividad. De pronto, un buen día descubrí la magia. Si de verdad podía amarme, amar de veras cada parte de mí, ocurrían milagros increíbles en mi vida. Mis problemas se disolvían y no había nada que arreglar. Así pues, el foco de mi atención ha cambiado: en lugar de arreglar los problemas, ahora me amo y confío en que el Universo me proporcionará todo lo que necesito y todo lo que deseo.

Yo soy la principal autoridad

en mi mundo.

Yo soy quien crea mi vida

Ninguna persona, lugar ni cosa tienen poder sobre mí, porque sólo yo pienso en mi mente. Cuando era pequeña aceptaba a las figuras de autoridad como a dioses. Ahora estoy aprendiendo a recuperar mi poder y a ser yo mi figura de autoridad. Me acepto como a un ser poderoso y responsable. Cuando medito cada mañana, conecto con mi sabiduría interior. La escuela de la vida es muy gratificante cuando nos damos cuenta de que todos somos alumnos y maestros a la vez. Cada uno tiene algo que aprender y algo que enseñar. Escucho mis pensamientos y guío con suavidad a mi mente hacia la confianza en mi Sabiduría Interior. Crece, florece y confía todos tus asuntos a tu Divina Fuente. Todo está bien.

Traspaso las barreras

y entro en las posibilidades.

En mi vida no hay barreras

Las puertas que dan a la sabiduría y el aprendizaje están siempre abiertas, y cada vez con mayor frecuencia elijo entrar por ellas. Las barreras, los muros, los obstáculos y los problemas son mis maestros particulares que me ofrecen la oportunidad de salir del pasado y entrar en la Totalidad de las Posibilidades. Me gusta ensanchar mi mente pensando en los mayores bienes imaginables. Cuando mi mente puede concebir más bienes, las barreras y los muros se disuelven y mi vida se llena de pequeños milagros que aparecen como caídos del cielo. De vez en cuando me doy permiso para no hacer absolutamente nada, sólo sentarme y abrirme a la Sabiduría Divina. Soy una alumna de la vida y me encanta.

Las flores, como las personas,

son todas hermosas

a su manera

y están constantemente

desplegándose.

La belleza me estimula y me sana

La belleza está en todas partes. La belleza natural brilla en todo, en cada florecilla, en las formas que produce la luz al reflejarse en la superficie del agua, en la callada fortaleza de los árboles viejos. La naturaleza me emociona, me renueva y me refresca. Encuentro relajación, gozo y curación en las cosas más sencillas de la vida. Cuando miro con amor la naturaleza, me resulta fácil mirarme con amor. Formo parte de la naturaleza, por lo tanto soy una persona bella a mi manera única y especial. Dondequiera que mire veo belleza. Hoy vibro con toda la hermosura de la vida.

Con amor

cambio mi manera

de pensar.

Cambio mi vida cuando cambio mi manera de pensar

Somos Luz. Somos Espíritu. Todos nosotros somos seres maravillosos y capaces. Ya es hora de que reconozcamos que nosotros creamos nuestra realidad; la creamos con nuestra mente. Si deseamos cambiar nuestra realidad, entonces hemos de cambiar nuestra mente, eligiendo pensar y hablar de manera positiva. Hace mucho tiempo aprendí que si podía cambiar mi mentalidad, podía cambiar mi vida. Cambiar de mentalidad es en realidad abandonar nuestras limitaciones. Cuando dejamos nuestras limitaciones, comenzamos a darnos cuenta de la Infinitud de la vida que nos rodea. Comenzamos a entender que ya somos sanos, completos y perfectos. Cada día que pasa esto se vuelve más fácil.

Solamente cuento

las buenas noticias.

Me comunico con los demás de un modo excelente

Una vez me di cuenta del daño que hacen los chismes a todas las personas involucradas. Entonces decidí dejar de contar chismes, y durante tres semanas no tuve nada de qué hablar. He aprendido que es mejor hablar bien de mis compañeros. Así, por ley de vida, ellos también hablan bien de mí. De esta manera, las buenas vibraciones me acompañan y me acogen adondequiera que vaya. Me gusta ser considerada con los demás y disfruto comunicándome de una manera que anime y estimule a la gente. Sabiendo que lo que damos regresa a nosotros, elijo con cuidado mis palabras. Si escucho alguna historia negativa, no la repito. Si escucho alguna historia positiva, se la cuento a todo el mundo.

*El amor me ayuda a ver
con claridad en todas
direcciones.*

Veo con claridad.

Tengo claridad de visión y de intención. Mi conocimiento interior siempre me orienta hacia mi mayor bien y mi mayor alegría. Conecto con la Infinitud de la Vida, donde todo es perfecto, entero y completo. En medio de la vida siempre cambiante, estoy centrada. Comienzo a ver lo bueno en todo y en todos.

Soy una conductora

competente

y una pasajera amable.

Amo mi coche

Conducir es para mí una experiencia agradable. Cuido bien de mi coche, y mi coche cuida bien de mí. Está dispuesto a ir adondequiera que voy. Tengo el mecánico perfecto que también ama mi coche. Lleno mi coche de amor cada vez que entro en él, de modo que el amor siempre viaja conmigo. Envío amor a los demás conductores que van por la misma carretera que yo. El amor va delante de mí y me saluda y recibe en mi destino.

Desde el principio de los tiempos, nunca ha habido ninguna persona igual a mí, de modo que no hay nada ni nadie con quien compararme ni competir.

¡Soy incomparable!

Estoy aquí para aprender a amarme y a amar a los demás incondicionalmente. Aunque todos tenemos aspectos mensurables, como la altura y el peso, soy muchísimo más que mi expresión física. Es en la parte inconmensurable de mí donde está mi poder. Compararme con otras personas me hace sentir superior o inferior, nunca aceptable exactamente tal como soy. ¡Qué pérdida de tiempo y energía! Todos somos seres únicos y maravillosos, cada uno diferente y especial. Entro en mi interior y conecto con la expresión única de la Unidad eterna que soy y que todos somos. Todo cambia en el mundo físico. Cuando fluyo con esos cambios, me mantengo en conexión con lo que hay en mi interior, que es más profundo que cualquier cambio.

Se me guía con prudencia

en todos mis asuntos

económicos.

La prosperidad consciente nos beneficia a todos

Me alegro de estar en una época de mi vida en que puedo hacer una compra importante. Aunque es natural en mí sentirme en paz cuando voy de compras, en este momento siento entusiasmo. Cuando se trata de algo de mucho dinero, abro mi corazón y dejo que el amor penetre en todos los aspectos de la transacción. Comprar un electrodoméstico grande, un coche o incluso una casa, es para mí una operación tranquila, igual que para los vendedores, los empleados bancarios, los contables y todas las demás personas que intervienen. El papeleo está en perfecto orden. Me alegra que sea natural para mí manejar grandes cantidades de mi propio dinero. Permanezco en el momento presente, sigo a mi corazón y dejo que la abundancia circule por todas las células de mi cuerpo.

No hay algo que hacer;

hay algo que saber.

La comunicación
es una canción de amor

Comunicarse con amor es una de las experiencias más felices y poderosas. ¿Cómo lo consigo? He hecho mucho trabajo conmigo misma, he leído muchos libros y he llegado a comprender los principios de la vida, como, por ejemplo, «Lo que pienso y digo sale de mí, el Universo responde, y me lo devuelve». De modo que comienzo a pedir ayuda y a observarme. Cuando me dejo espacio para observar sin criticar ni juzgar, comienzo a hacer grandes progresos en el tema de comunicarme con amor. ¿Qué creo? ¿Qué pienso? ¿Cómo reacciono? ¿Cómo puedo amar más? Y entonces le pido al Universo: «Enséñame a Amar».

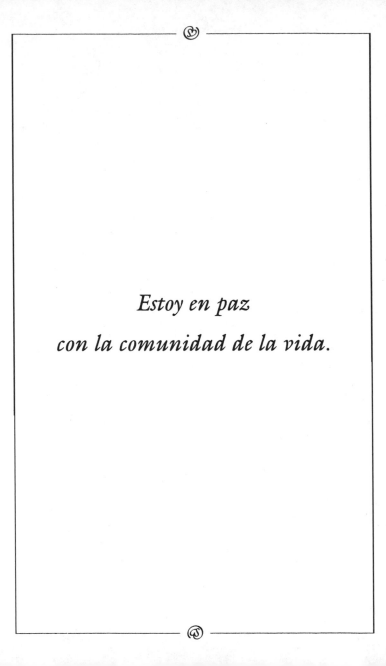

*Estoy en paz
con la comunidad de la vida.*

Abro mi corazón
a todas las personas

Ya es hora de que abandonemos nuestro pensamiento limitado y desarrollemos una visión más cósmica de la vida. La comunidad de seres humanos del Planeta Tierra se está abriendo a una escala jamás vista. Nos están conectando nuevos planos de espiritualidad. En el nivel del alma, aprendemos que todos somos uno. Hemos escogido encarnarnos en esta época por algún motivo. Creo que, en un nivel muy profundo, hemos elegido participar en el proceso de curación del planeta. Recordemos que cada pensamiento sale de nosotros y conecta con las personas de igual mentalidad que están pensando lo mismo. No podemos avanzar hacia nuevos planos de conciencia si nos quedamos atascados en viejos juicios, prejuicios, culpas y temores. Cuando todos y cada uno practiquemos el Amor Incondicional por nosotros mismos y los demás, el planeta entero sanará.

Lo que vemos en el mundo es un reflejo de lo que tenemos en la mente.

Mi poder me llega a través del uso de mi mente

Soy Conciencia Pura. Puedo utilizar esa Conciencia de cualquier manera que desee. Puedo elegir ser consciente del dominio de la carencia y la limitación, y puedo escoger ser consciente del dominio de la Infinita Unidad, que es Armonía y Totalidad. Estos dominios no son cosas distintas. Es la misma Conciencia Una e Infinita contemplada de forma negativa o positiva. En todo momento formo una unidad con toda la vida, y soy libre de experimentar amor, armonía, belleza, fuerza, alegría y mucho más. Soy Conciencia. Soy energía. Estoy a salvo. Y aprendo, crezco, cambio mi conciencia y cambio mi experiencia. Todo está bien.

Confiamos en que no nos faltará el aire para la siguiente respiración. Comencemos a confiar en que tampoco nos faltarán las demás cosas.

Confío en mí

El mundo es una obra de arte, y yo también lo soy. Para contribuir positivamente en esta continua creación es necesario que confíe en el proceso de la vida. Si las cosas se me ponen difíciles, entro en mi interior y anclo mis pensamientos en la Verdad y el Amor. Pido la orientación del Universo mientras atravieso, a salvo, mares agitados y buenos tiempos, calmados y dichosos. Mi tarea es permanecer en el momento presente y elegir pensamientos y palabras claros, sencillos y positivos. Sé que no es necesario y ni siquiera posible tener una razón para todo. Sé que nací siendo un alma hermosa y confiada. Ahora dedico un momento a apreciar y valorar el misterioso e invisible proceso de vida que soy.

Lo único que puedes controlar

es tu pensamiento actual.

Lo que estás pensando ahora,

está totalmente bajo tu

control.

Creo mi seguridad confiando en el proceso de la vida

Si te ocurre algo sobre lo cual crees que no tienes ningún control, haz inmediatamente una afirmación positiva. Repítela una y otra vez hasta que salgas de ese pequeño espacio. Cuando las circunstancias no te parezcan adecuadas, podrías decirte: «Todo está bien, todo está bien, todo está bien». Siempre que sientas el impulso de controlar las cosas, podrías decirte: «Confío en el proceso de la vida». Durante un terremoto o algún otro desastre natural, podrías decir: «Estoy en armonía con la Tierra y llevo el compás de sus movimientos». De esa manera, ocurra lo que ocurra estará bien, porque estás en armonía con el flujo de la vida.

Ahora reconozco

mi creatividad,

la respeto y la honro.

Creo mi vida cada día

La creatividad del Universo circula en mí durante todo el día; lo único que necesito hacer para participar en ella es SABER que formo parte de ella. Es fácil reconocer la creatividad cuando se presenta en forma de un cuadro, una novela, una película, un nuevo vino o una nueva empresa. No obstante, yo creo mi vida entera a cada momento, desde la común y corriente creación de nuevas células en mi cuerpo, o la elección de mi reacción emocional ante los viejos hábitos de mis padres, hasta mi trabajo actual, mi cuenta bancaria, la relación que tengo con mis amigos y mis actitudes con respecto a mí. Uno de mis dones más poderosos es mi imaginación. La utilizo para ver cómo nos pasan cosas buenas a mí y a todo el mundo que me rodea. Me siento en paz cuando colaboro con mi Yo Superior para crear mi vida.

Cuando estamos dispuestos
a crecer, el crecimiento
se produce de modos
maravillosos.

Me dispongo a cambiar

Mi crecimiento espiritual suele llegarme de formas extrañas. Mediante un encuentro casual o un accidente, una enfermedad o la pérdida de un ser querido. Algo en mi interior me impulsa a seguir, o me impide enérgicamente continuar viviendo como antes. Esto varía de persona a persona. Crezco espiritualmente cuando acepto la responsabilidad de mi vida, que me da el poder interior necesario para hacer los cambios que preciso. No se trata de cambiar a los demás. Crece espiritualmente aquella persona que está dispuesta a abandonar el papel de víctima, perdonar y empezar una nueva vida. Nada de esto sucede de la noche a la mañana. Es un proceso que se va desplegando. Amarme me abre la puerta, y estar dispuesta a cambiar me ayuda.

Mientras aprendes

nuevas habilidades,

apóyate con amor.

Ponte de tu parte.

Me elogio por las cosas que hago, grandes y pequeñas

Soy un ser maravilloso. Antes solía reprenderme y criticarme porque pensaba que así mejoraría mi vida, pero los años de críticas no me han servido para mejorar. De hecho, parece que las críticas hacen mucho más difícil cambiar y progresar. Así pues, cuando escucho mi monólogo interior y descubro que me estoy criticando, diciéndome que no valgo o que estoy haciendo algo mal, reconozco las viejas costumbres de mi infancia e inmediatamente comienzo a hablarle con amor a mi niña interior. En lugar de destrozarme elijo nutrirme con elogios y aprobación. Sé que estoy en el camino hacia el amor constante.

Mi cuerpo es un buen amigo

al que cuido con amor.

Amo mi cuerpo

Mi cuerpo es perfecto para mí en este momento. Mi peso también lo es. Estoy exactamente donde elijo estar. Soy hermosa, y cada día que pasa soy más atractiva. Antes solía costarme aceptar este concepto, pero las cosas están cambiando y ahora me trato como a una persona muy amada. Estoy aprendiendo a recompensarme con pequeños gustos y placeres sanos de vez en cuando; son actos de amor que me nutren, que me gustan, como momentos de silencio, paseos por la naturaleza, baños calientes y tranquilizadores, o cualquier cosa que me dé placer. Disfruto cuidando de mí misma. Creo que está bien gustarme y ser mi mejor amiga. Sé que mi cuerpo está lleno de luz y que brillo y la irradio adondequiera que voy.

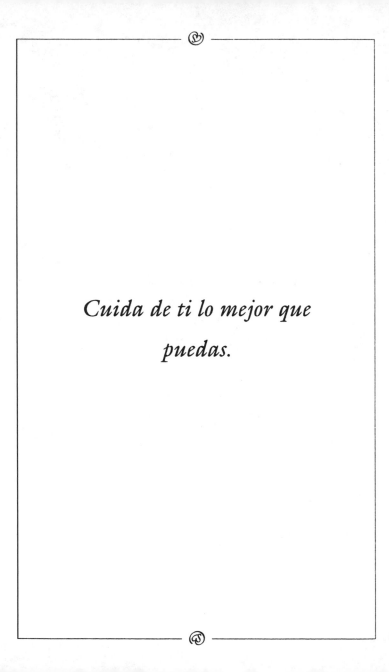

Cuida de ti lo mejor que puedas.

Soy una luz resplandeciente

Mi cuerpo es un milagro. Los cuerpos de las personas a las que cuido también son milagros. Nuestro cuerpo sabe cómo manejar las crisis, y sabe descansar y reponerse. Estamos aprendiendo a escuchar a nuestro cuerpo, a darle lo que necesita. Cuidar a otras personas es a veces un trabajo abrumador, más de lo que habíamos imaginado. Aprende a pedir ayuda. Tanto si cuidas a otras personas como si recibes tú los cuidados, amarte es una de las cosas más importantes que puedes hacer. Cuando te amas y te aceptas exactamente tal como eres, es como si cambiaras de marcha en algún plano. De pronto te relajas y sabes en el fondo de tu corazón que Todo Está Bien.

Valoro mi libertad,

de modo que ni culpo

ni me culpan.

Me amo y me acepto
exactamente tal como soy

Esta es una buena afirmación para dejar marchar la culpa. En mi infancia, me manipulaban con la culpa para que me portara bien: «No seas así», «No digas eso», «No, no, no». La religión también usa la culpa para mantener a la gente a raya, incluso diciéndoles que van a arder en el infierno si «se portan mal». Perdono a las Iglesias y a sus autoridades. Elijo perdonar a mis padres y perdonarme a mí. Todos vivíamos bajo un pesado manto de culpa, sintiéndonos poca cosa por cualquier motivo. Este es un nuevo día. ¡Recuperemos nuestro poder! Comienzo por amarme y aceptarme incondicionalmente.

Mi cuerpo está sano,

feliz y en paz,

y yo también.

La buena salud
es mi Derecho Divino

Me abro para recibir todas las energías sanadoras del Universo. Sé que cada célula de mi cuerpo es inteligente y conoce la manera de sanarse. Mi cuerpo está siempre trabajando para la salud perfecta. Ahora dejo marchar todo lo que me impide mi perfecta curación. Aprendo nutrición y doy a mi cuerpo alimentos buenos y completos. Vigilo lo que pienso y sólo tengo pensamientos sanos. Libero, borro y elimino todos los pensamientos de odio, envidia, celos, miedo, autocompasión, vergüenza y culpa. Perdono a todas las personas que creo que alguna vez me han hecho daño. Me perdono por haber hecho daño a otras personas y no haberme amado más en el pasado. Amo mi cuerpo. Envío amor a cada órgano, hueso, músculo y parte de mi cuerpo. Impregno de amor todas mis células. Agradezco a mi cuerpo la buena salud que he tenido en el pasado. Acepto la curación y la buena salud aquí y ahora.

Veo al planeta totalmente sano. En él todo el mundo tiene alimento, ropa, casa y felicidad.

Visualizo soluciones positivas para todo el mundo

Es muchísimo el bien que puedo hacer personalmente por el planeta. A veces puedo trabajar por una causa, entregando mi energía física o dinero. Y otras veces puedo usar el poder de mi pensamiento para contribuir a sanar el planeta. Si oigo noticias de un desastre mundial o de actos de violencia sin sentido, uso mi mente de manera positiva. Sé que si envío pensamientos de rabia hacia los responsables, no ayudo a la curación, así pues, inmediatamente rodeo de amor toda la situación y afirmo que de esa experiencia sólo saldrán bienes. Envío energía positiva y hago visualizaciones, viendo cómo el incidente encuentra lo más rápido posible una solución que es para el bien de todos. Bendigo con amor a los agresores y afirmo que esa parte suya donde reside el amor y la compasión aflora a la superficie y que también ellos son sanados. Únicamente cuando todos estemos curados tendremos un mundo sano donde vivir.

Con alegría doy a la Vida,

y la Vida con amor

me da a mí.

Doy y recibo de buena gana

El aprecio y la aceptación actúan como potentes imanes para que ocurran milagros en todos los momentos del día. Si alguien me elogia, sonrío y le doy las gracias. Los elogios son regalos de prosperidad. He aprendido a aceptarlos de buena gana. El día de hoy es un regalo sagrado de la Vida. Abro de par en par los brazos para recibir toda la abundante prosperidad que ofrece hoy el Universo. Cualquier momento del día o de la noche puedo dejarla entrar. Sé que hay momentos en la vida en que el Universo me da, y yo no estoy en posición de hacer nada para corresponder. Recuerdo a muchas personas que realmente me ayudaron mucho cuando yo no tenía ninguna posibilidad de darles nada a cambio. Después he podido ayudar a otras personas, y así es la vida. Me relajo y disfruto de la abundancia que hay aquí y ahora.

Decide ir más allá de tu

actual manera de pensar

humana y limitada.

Sí, puedes hacerlo.

Soy una persona decidida

Cuando cuidas de tu bienestar físico, eliges para comer alimentos sanos y nutritivos. Cuando cuidas de tu bienestar mental y emocional, eliges pensamientos que te creen unos sólidos cimientos. Un pensamiento ocioso no significa mucho, pero los pensamientos que tenemos una y otra vez son como gotas de agua. Primero se forma un charco, luego un estanque, después un lago y finalmente un mar. Tener continuamente pensamientos de crítica, carencia o limitación ahoga la conciencia en un mar de negatividad, mientras que pensar en la Verdad, la paz y el amor nos eleva y nos hace flotar con facilidad en el océano de la vida. Los pensamientos que nos conectan con la Unidad de la vida nos hacen más fácil tomar buenas decisiones y atenernos a ellas.

Todos mis nuevos hábitos me apoyan de maneras positivas.

Dejo marchar la necesidad de ser una persona perfecta

Cuando estoy preparada para dejar marchar una vieja costumbre, aparece como un problema. Estoy aprendiendo a identificar mis problemas como mensajeros provenientes de un lugar profundo de mi interior que anhela ser amado. Le pido al Universo que me ayude a dejar marchar el temor, y me permito tener una nueva comprensión. Estoy aprendiendo a ser amable con mis hábitos y creencias negativos. Antes solía decir: «Quiero librarme de eso»; ahora sé que he creado todos mis hábitos para un propósito determinado. De modo que dejo marchar los viejos hábitos con amor y encuentro maneras más positivas de satisfacer esas necesidades.

El niño interior

siempre se merece sanar.

La dignidad y la autoestima son un derecho divino de todos

Todo acto de violencia procede de una persona embrutecida que en su infancia aprendió a odiar. Sin justificar la violencia, hemos de encontrar nuevos modos de sanar a estos adultos que fueron embrutecidos cuando eran niños. Nuestro actual sistema penitenciario sólo enseña a los presos a ser mejores delincuentes. El castigo no sana. Los miembros de bandas de delincuentes y los asesinos son, a pesar de todo, dignos de nuestro amor. También ellos fueron una vez hermosos bebés. ¿Quién les enseñó a tratar la vida como lo hacen ahora? Creo que tanto los presos como sus guardianes necesitan cursos de autoestima y dignidad personal. No podemos rehabilitar a los delincuentes mientras ellos no sanen su mente. Su dolor y su sistema de valores necesitan curación. Pongamos amor en las cárceles y visualicemos cómo tiene lugar en ellas una verdadera curación.

Amo mis pensamientos.

Mi diálogo interior es amable y cariñoso

Tengo un papel único que desempeñar en la Tierra, y también tengo los instrumentos para realizar el trabajo: los pensamientos que tengo y las palabras que digo, y son increíblemente poderosos. Los utilizo y disfruto con lo que crean para mí. La meditación, la oración o diez minutos de afirmaciones por la mañana son cosas maravillosas. Y obtengo mejores resultados cuando soy constante durante todo el día. Tengo presente que lo que pienso en cada instante es lo que da forma a mi vida. El momento de poder, el lugar donde nacen los cambios, es siempre aquí y ahora. Así pues, en este preciso momento, observo lo que estoy pensando y me pregunto: «¿Deseo que este pensamiento cree mi futuro?».

Los días festivos
son días felices para mí.

Cada día es una festividad

L as festividades religiosas y cívicas son días para celebrarlos con amigos y reflexionar sobre el proceso de la vida. Cada día de fiesta sigo mi voz interior, sabiendo que estoy en el lugar adecuado, en el momento preciso y haciendo lo correcto. Me divierto en las fiestas y reuniones festivas. Sé cómo pasármelo bien, ser responsable y estar a salvo, todo en la misma velada. Son momentos para reír y para agradecer tantas bendiciones. Conecto con mi niña interior y hacemos algo juntas. Cuando hago compras para los días festivos, compro lo que necesito a precios que puedo permitirme. Todos reciben felices los regalos que les hago.

Asimilo lo bueno de la vida

y lo convierto en realidad

para mí.

Digiero la vida con facilidad

Digiero y asimilo la vida perfectamente, y también me deshago de lo que no me sirve. Mis células y órganos saben exactamente qué hacer; yo los ayudo en su trabajo haciendo el mío: comer alimentos nutritivos y tener pensamientos claros, positivos y amorosos. Para cada parte de mi cuerpo hay una pauta mental. El estómago es la parte donde mis ideas se digieren y asimilan. Cuando me ocurren experiencias nuevas, a veces tengo dificultad para asimilarlas. Y sin embargo siempre, incluso en medio de un enorme cambio, puedo elegir los pensamientos que glorifiquen mi ser más esencial y eterno. Soy una Expresión Divina y Magnífica de la Vida.

En el aspecto económico,
siempre soy una persona
próspera.

El dinero me ama y viene a mí como un perro cariñoso

El dinero es sólo un medio de intercambio. Es una forma de dar y recibir. Cuando doy a la vida, ella me da abundancia en todas sus muchas formas, entre ellas el dinero. Siempre tengo seguridad económica. Es un placer manejar el dinero que me llega. Ahorro parte de él y gasto otra parte. Elimino los pensamientos de culpa, deuda y otras formas de pensar negativas orientadas hacia la pobreza. Siempre tengo suficiente dinero. Consigo créditos con facilidad. Pago mis facturas con amor y doy las gracias a mi verdadera Fuente.

Elijo mi propio concepto

amoroso de Dios.

Un Poder nos creó a todos

Tengo el poder de ver las cosas como verdaderamente son. Elijo verlas como las ve Dios, con los ojos del amor. Dado que Dios es por naturaleza omnipresente, todopoderoso y omnisciente, sé que todo lo que hay en el Universo es el Amor de Dios. El Amor de Dios me rodea, vive en mí, va delante de mí y me allana el camino. Soy una Hija Amada del Universo, y el Universo cuida de mí con amor, ahora y para siempre. Cuando necesito algo me vuelvo hacia el Poder que me creó, le pido lo que necesito y le doy las gracias antes de recibirlo, sabiendo que vendrá a mí en el momento y el lugar perfectos.

El amor siempre disuelve

el dolor.

Reemplazo
los pensamientos de castigo
por pensamientos de perdón

Mi Yo Superior me enseña la manera de vivir sin dolor. Estoy aprendiendo a responder al dolor como si fuera el timbre de un despertador que me avisa para que tome conciencia de mi sabiduría interior. Si siento dolor, inmediatamente comienzo mi trabajo mental. Suelo reemplazar la palabra «dolor» por «sensación». Mi cuerpo tiene muchas «sensaciones». Este pequeño cambio de palabras me ayuda a centrar la conciencia en la curación, lo cual contribuye a que sane con más rapidez. Sé que cuando modifico mi mente sólo un poco, mi cuerpo cambia en el mismo sentido. Amo mi cuerpo y amo mi mente, y agradezco que estén tan estrechamente relacionados.

*Soy una persona maravillosa
tal como soy en este preciso
momento.*

Apruebo lo que veo en mí

Una de las pautas mentales que contribuyen al dolor de cabeza es la necesidad que tenemos de reprendernos. La próxima vez que tengas un dolor de cabeza podrías preguntarte: «¿De qué manera y por qué razón me estoy reprendiendo?». He aprendido a escuchar mi monólogo interior, y cuando pasan por mi mente pensamientos negativos, diciéndome que no valgo o que estoy haciendo algo mal, reconozco la antigua costumbre de mi infancia, y empiezo a hablarme y a hablar con mi niña interior con amor. En lugar de hundirme con pensamientos críticos, elijo nutrirme con pensamientos de aprobación. Si me doy cuenta de que algo me presiona, busco maneras de manejar esa presión de otra forma. Me apruebo.

Elijo avanzar hasta más allá

de donde estaba cuando

me desperté esta mañana.

Mi ser está preparado

para abrirse a algo nuevo.

Elijo vivir consciente al máximo

Elijo recordar que todo problema tiene solución. Sé que esto también puedo manejarlo. Dado que contemplo así la situación, el problema presente es temporal, es algo con lo que estoy trabajando. Soy una buena persona. Elijo dejar de autocompadecerme. Me dispongo a aprender la lección y abrirme a todo lo bueno que me ofrece el Universo. Elijo cambiar. Acepto el hecho de que no siempre voy a saber cómo van a resultar las cosas. Puedo confiar y puedo saber. Todo se resuelve de la mejor manera. Todo está bien.

Ama a tu prójimo

COMO A TI MISMO.

Solemos olvidarnos de

las últimas cuatro palabras.

Cómo puedo aprender
a tener más compasión

Es una época poderosa la que estamos viviendo; estamos ciertamente en el filo de las fuerzas que van a contribuir a sanar este planeta. Nos encontramos en un punto en que todos podemos irnos por el desagüe o sanar el planeta. Y esto no depende de «ellos», sino de nosotros, individualmente. Cada mañana al despertar me digo: «Ayúdame a sanar el planeta. Hoy puedo amarme más, puedo tener menos prejuicios y hacer menos críticas. Puedo dejar salir más amor y tener más compasión». Puedo ser útil de muchas pequeñas maneras. Puedo dejar sitio para otros coches en la autopista, y tener más paciencia en la cola del supermercado. Puedo mandar postales a los dirigentes que actúan con compasión, y puedo recortar historietas divertidas para enviarlas con mis facturas. Puedo enviar amor a las zonas problemáticas. Todos somos uno en la Verdad, de manera que podemos ir más allá de la competitividad, las comparaciones y los juicios. La compasión es una de las formas superiores del amor. Miro a mi alrededor. Todo el mundo que veo es digno de amor, también yo.

No tengo que trabajar

demasiado para merecer

mejores ingresos.

Empleo pensamientos positivos

Cuando empleo a mi Yo Superior, mi Yo Superior me emplea a mí. Qué energía más maravillosa, inteligente, delicada, fuerte y hermosa es mi espíritu interior. Me bendice con un trabajo gratificante. Cada día es nuevo y diferente. Cuando abandono la lucha por sobrevivir, descubro que tengo alimento, ropa, casa y amor, todo de maneras inmensamente satisfactorias. Considero correcto que yo y los demás ganemos dinero sin tener que trabajar demasiado en el empleo. Merezco tener buenos ingresos sin tener que competir constantemente para escalar posiciones. Sigo mis instintos superiores y escucho a mi corazón en todo lo que hago.

Amarse a uno mismo da la energía extra necesaria para solucionar con más rapidez cualquier problema.

Soy energía

Libero mi energía haciendo cosas que me encantan. Cuando conscientemente reconozco la energía del amor en mi vida, disuelvo viejos rencores que me corroen. Cuando estoy cansada descanso. De vez en cuando incluso me doy permiso para no hacer absolutamente nada. Hoy mi energía es radiante y serena. Reír, cantar y bailar son mis expresiones naturales, normales y espontáneas. Sé que formo parte del plan Divino. Creo espacio en mi interior para que germinen, echen raíces y crezcan hábitos amorosos, optimistas y alegres. Los nutro con mi actitud positiva.

Con amor me creo

una salud perfecta.

Mi enfermedad
es una valiosa maestra

Lo natural es que estemos sanos, que seamos flexibles, capaces de aprender con facilidad, de reír, cambiar y crecer. La enfermedad está ligada a la resistencia a fluir con la vida en algún aspecto, y a la incapacidad de perdonar. Para mí la enfermedad es como una maestra particular que me ayuda en mi camino hacia una mayor comprensión. Como todos los maestros, es un peldaño, y cuando he aprendido la lección avanzo hacia la siguiente fase de mi curación. Toda persona en el planeta tiene algo que curar en algún aspecto de su vida. Ayudo a mi cuerpo, mi mente y mi espíritu a vivir sanos creando una atmósfera de amor a mi alrededor. Como se trata de mi cuerpo, mi mente y mi espíritu, son responsabilidad mía.

Cuanto más comprendo,

más se expande mi mundo.

Mi entendimiento aumenta constantemente

Soy educable. Cada día abro un poco más mi conciencia a la Sabiduría Divina que está en mi interior. Me alegro de estar viva y agradezco las cosas buenas que me pasan. Para mí la vida es una enseñanza. Cada día abro mi mente y mi corazón, como lo hace un niño, y descubro nuevas percepciones e intuiciones, nuevas personas, nuevos puntos de vista, y nuevas maneras de comprender lo que sucede dentro y fuera de mí. Mi mente humana tal vez no siempre entiende al principio. Parece que el entendimiento requiere una gran cantidad de amor y paciencia. Mis nuevas habilidades mentales me ayudan a sentirme más a gusto con los cambios en esta increíble escuela de la vida de nuestro planeta Tierra.

*Me amo
en todas mis experiencias
y todo está bien.*

Me valoro

He avanzado muchísimo en mi trabajo interior y aún me queda mucho por hacer. He aprendido que «reprenderme» por haber cometido un error no es un proceso sanador. Puedo analizar la situación y ver cómo podría hacerlo mejor la próxima vez. Puedo buscar los pensamientos que han apoyado el comportamiento equivocado y dejarlos marchar. Cuando tomo conciencia de que me estoy reprendiendo por algo, puedo detener esa castigadora manera de pensar. Cada día es una experiencia de aprendizaje, y por medio de nuestros «errores» podemos aprender a hacer las cosas de otra manera la próxima vez. Así no hago nunca las cosas mal. Simplemente estoy aprendiendo. Todo es muy sencillo.

Para tener éxito es necesario

creer el pensamiento

de que eres un éxito

y no el pensamiento

de que eres un fracaso.

Todas mis percepciones son éxitos

En mi interior hay todos los ingredientes necesarios para tener éxito, así como dentro de la bellota está el roble completo condensado en su minúscula forma. Me fijo niveles alcanzables para mí en este momento. Aliento y elogio mis progresos. Está bien que aprenda de cada experiencia, y que cometa errores mientras aprendo. Esa es la forma en que avanzo de éxito en éxito, y cada día me resulta más fácil ver las cosas bajo esta luz. Cuando surge ante mí el fracaso, ya no huyo de él; lo reconozco como una lección. No le doy ningún poder. Sólo hay Un Poder en este Universo, y ese Poder tiene éxito en todo lo que hace. Él me creó; por lo tanto, ya soy una persona hermosa y triunfadora.

*El amor incondicional
es en realidad puro amor
sin expectativas.*

Seamos simplemente quienes somos

En este momento me amo exactamente tal como soy. Al hacerlo siento cómo se relaja mi estómago, y cómo los músculos del cuello y la espalda se ajustan suavemente. Yo solía resistirme a amarme y aceptarme, pensando que no podía hacerlo hasta que me adelgazara, ganara dinero o encontrara el trabajo perfecto, la pareja ideal, o lo que fuera. Lo que ocurría entonces era que cuando bajaba de peso u obtenía dinero, continuaba sin amarme y sencillamente hacía otra lista. Ahora he abandonado mi lista de expectativas. Este momento es increíblemente poderoso. Disfruto del sentimiento de permitirme ser quien soy.

Las facturas que pago son una afirmación de mi solvencia.

Pago lo que necesito con facilidad

El poder que nos creó lo ha puesto todo a nuestra disposición. De nosotros depende merecerlo y aceptarlo. Lo que tenemos ahora, sea lo que sea, es lo que hemos aceptado. Si queremos más, o menos, o algo diferente, no lo conseguiremos quejándonos; sólo podemos obtenerlo expandiendo nuestra conciencia. Acoge tus facturas con amor y alégrate al hacer los cheques, sabiendo que todo lo que envías vuelve a ti multiplicado. Comienza a tener sentimientos positivos con respecto a este tema. En realidad las facturas son algo maravilloso. Significan que alguien ha confiado en ti lo suficiente para hacerte un servicio o entregarte un producto, sabiendo que puedes pagarlo.

Elegí los padres perfectos

para esta vida.

Todos los seres vivos forman parte de mi familia

Envuelvo a todos mis familiares en un círculo de amor, a los están vivos y a los que han muerto. Visualizo experiencias maravillosas y armoniosas que tienen sentido para todos nosotros. Me siento feliz de formar parte de la red eterna de amor incondicional que nos une. Mis antepasados hicieron lo mejor que sabían hacer con el entendimiento y el conocimiento que tenían, y los niños aún por nacer se van a encontrar ante nuevos desafíos y harán lo mejor que puedan con el entendimiento y el conocimiento que tendrán. Cada día veo con mayor claridad mi tarea, que es sencillamente dejar marchar las viejas limitaciones de mi familia y despertar a la Divina Armonía. Para mí, las reuniones familiares son oportunidades para practicar la tolerancia y la compasión.

Estoy aquí para servir

a un propósito.

Mi finalidad es aprender a amar incondicionalmente

Vivir en esta época es una increíble oportunidad para explorar y experimentar el Universo, y hacer lo mismo conmigo. En cierto modo el yo es la nueva frontera. He llegado a conocer bastante bien mi yo limitado, y ahora estoy comenzando a conocer mi Yo Ilimitado. Mi finalidad es desplegarme a través de cada momento presente, calmándome y centrándome en el conocimiento de que soy mucho más que mi personalidad, mis problemas, mis temores o mis enfermedades. Soy espíritu, luz, energía y amor, y tengo el poder para vivir con un propósito y con sentido. Y aunque crea que no lo estoy haciendo tan bien como podría, sé que de todas formas lo estoy haciendo bien. Me amo y doy gracias por estar aquí.

*Juntos damos saltos
cuánticos de conciencia.*

Encuentro ayuda dondequiera que me vuelva

Los grupos de apoyo son un nuevo modelo social. Los hay para cualquier problema que podamos tener. Están los grupos de autoayuda, los de crecimiento personal, los de crecimiento espiritual y los que ayudan a superar adicciones. Es mucho más beneficioso tener un grupo de apoyo que sentarse a hablar en un bar. Aprendemos que no tenemos que luchar solos para solucionarlo todo. No tenemos por qué quedarnos estancados en nuestros hábitos. Podemos recurrir a un grupo de personas de igual mentalidad que tienen los mismos problemas que nosotros y trabajar juntos para encontrar soluciones positivas. Nos queremos y apoyamos mutuamente, sabiendo que mientras lo hacemos, aprendemos a dejar atrás el dolor del pasado. No nos sentamos a autocompadecernos y lamentarnos del pasado ni a jugar al «Es terrible». Buscamos maneras de perdonar y de continuar con nuestra vida. Yo te apoyo a ti, tú me apoyas a mí, y juntos sanamos.

Cuando medito pregunto:

«¿Qué necesito saber?».

En algún momento del día,

obtengo una respuesta.

Todo está en el correcto
Orden Divino

Sé que hay un poder inmensamente superior a mí que circula por mi interior en todo momento de cada día, y sé que puedo abrirme a ese poder y recibir lo que necesito siempre que quiera. Esto vale para todo el mundo. Todos estamos aprendiendo que nos encontramos a salvo cuando miramos hacia el interior para ampliar nuestra visión de la vida. Si las cosas no salen como queremos en algún aspecto, eso no significa que seamos malos ni que estemos equivocados. Es una señal de que la Guía Divina nos está reorientando. Cuando esto ocurra, busca un lugar tranquilo donde puedas relajarte y comunicarte con la Inteligencia que hay dentro de ti. Afirma que la provisión de sabiduría es inagotable, que siempre puedes acceder a ella, y que cualquier cosa que necesites saber se te revela en el momento y el lugar perfectos.

Comparto mis recursos

y mis conocimientos

con todos los seres.

Todo lo que necesitamos está aquí

Veo cerrarse viejas puertas al hambre, la pobreza y el sufrimiento, y veo abrirse nuevas puertas a la justa distribución de todos los recursos. Hay una abundancia increíble en este planeta, y alimento suficiente para todo el mundo. Sin embargo, hay personas que mueren de hambre. El problema no es la falta de alimento, sino la falta de amor. Es una conciencia que cree en la carencia, más las personas que piensan que no se merecen el bien en su vida. Hemos de ayudar a elevar la conciencia de toda la gente del planeta. Alimentar a alguien una vez es bueno, pero mañana volverá a tener hambre. Enseñar a una persona a pescar la capacitará para alimentarse ella misma por el resto de su vida.

Mi hogar interior
y mi hogar exterior son
lugares de belleza
y paz.

Mi corazón es mi hogar

Estoy en casa en mi corazón. Llevo mi corazón conmigo dondequiera que viva. Cuando empezamos a amarnos a nosotros mismos, nos proporcionamos un hogar seguro y cómodo. Comenzamos a sentirnos a gusto en nuestro cuerpo. Nuestro hogar es un reflejo de nuestra mente y de lo que creemos que merecemos. Si tu casa es un desastre y te sientes abrumado, comienza por un rincón de una de las habitaciones. Haz lo mismo con tu mente, cambia los pensamientos uno a uno. Finalmente, todo estará ordenado. Mientras trabajas, recuerda que también estás limpiando las habitaciones de tu mente.

Me encanta reír.

Uso mi humor con prudencia

El inconsciente no tiene sentido del humor. Si me burlo o digo algo despectivo de mí misma pensando «Esto no significa nada», me engaño, porque mi inconsciente lo acepta como cierto y crea experiencias que estén de acuerdo con ello. Si cuento chistes despectivos o insultantes sobre otras personas, grupos o etnias, sigo estando bajo la ley de «lo que doy vuelve a mí». Así pues, he aprendido a usar mi sentido del humor con amor y prudencia. Hay tanto humor en la vida que no es necesario denigrar a otras personas o grupos. Incluso en el humor trabajamos para hacer del mundo un lugar más amoroso y seguro.

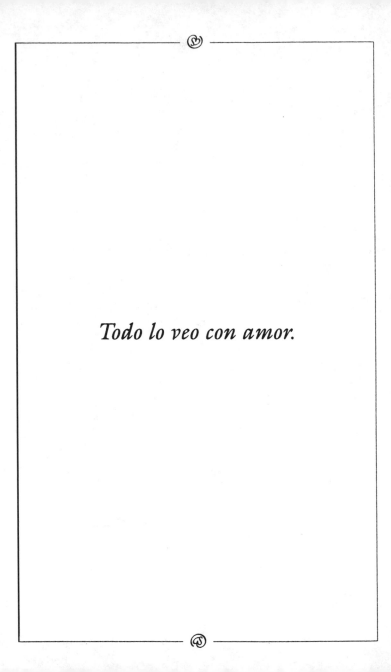

Todo lo veo con amor.

La iluminación es mi trabajo las 24 horas del día

Despertar al amor es lo que hago cada mañana. Me gusta ensanchar la mente y actuar como si ya fuera alguien Sano, Completo y Perfecto, aquí y ahora. Mi corazón se abre para recibir a todo lo bueno cuando dejo de luchar y de agotarme por conseguir lo que necesito; sé que todo lo que necesito y deseo viene a mí en el lugar y el momento perfectos. Me siento en paz sabiendo que el Universo está de mi parte. Cuando armonizo mi conciencia con mi Yo Superior, vivo todo tipo de experiencias con una actitud abierta a los hallazgos afortunados.

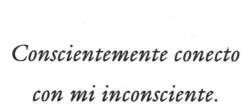

Conscientemente conecto

con mi inconsciente.

Programo mi inconsciente
con mensajes amorosos

Mi inconsciente es un almacén de información. Registra todo lo que pienso y digo. Si introduzco datos negativos, obtengo resultados negativos; si introduzco datos positivos, obtengo resultados positivos. Por lo tanto, conscientemente elijo introducir mensajes positivos, amorosos y alentadores que me produzcan experiencias beneficiosas. Ahora dejo marchar cualquier pensamiento, idea o creencia que me limite. Reprogramo mi inconsciente con nuevas creencias que creen en mi vida los acontecimientos más maravillosos, felices y prósperos.

Soy una expresión individual

de la Vida.

Soy una luz en el mundo

Sigo mi estrella interior, brillo y resplandezco a mi manera, única y especial. Soy un Ser muy valioso. Tengo un alma hermosa, un cuerpo y una personalidad. Mi alma es el centro, es mi parte eterna; siempre ha existido y siempre existirá. Ha adoptado muchas personalidades, y adoptará muchas más. Mi alma no puede ser dañada ni destruida, sólo puede ser enriquecida por las experiencias de la vida, sean cuales fueren. La vida es mucho más de lo que soy capaz de comprender; jamás tendré todas las respuestas. Pero cuanto más me permito entender cómo funciona la vida, más poder y fuerza tengo a mi disposición para usar.

Mi situación económica
es cada vez mejor;
refleja mi cambio de creencias
respecto a los ingresos.

Bendigo mis ingresos con amor
y veo cómo aumentan

Mis ingresos son los perfectos para mí. Cada día me amo un poco más y al hacerlo me abro a nuevas vías de ingresos. La prosperidad llega de muchas formas y por muchos canales. No tiene límites. Algunas personas limitan sus ingresos diciendo que viven de ingresos fijos. Pero, ¿quién los ha fijado? Hay quien piensa que no merece ganar más de lo que ganaba su padre, o superar el nivel de ingresos de sus padres. Pues bien, puedo amar a mis padres y al mismo tiempo superar su nivel de ingresos. Hay Un Universo Infinito y de él proceden todos los ingresos de todo el mundo. Mis ingresos actuales reflejan mis creencias, lo que creo que merezco. Esto no tiene nada que ver con ganar. En realidad se trata de permitirme aceptar. Acepto un sano caudal de ingresos.

Mis médicos están contentos

de que esté sanando

tan rápido.

Estoy a salvo poniéndome bien

Siempre que necesito un médico u otro profesional de la salud, elijo uno que tenga manos sanadoras, una actitud positiva y un buen corazón. Mis decisiones respecto al tratamiento se respetan y siento que formo parte del equipo de curación. Conozco el verdadero poder sanador que hay en mi interior y confío en él para que me guíe en mi viaje. Cuando me sereno y me concentro en las cosas hermosas de mi vida, creo a mi alrededor una atmósfera de amor y comprensión. Sé que la sabiduría del Universo trabaja a través de la medicina; así pues, me relajo y acepto su amable y atenta asistencia mientras paso por esta experiencia. Todas las manos que tocan mi cuerpo son manos sanadoras.

He convertido las lecciones

en algo fácil y divertido.

Estoy dispuesto a aprender

Estoy aprendiendo a buscar el amor que siempre hay escondido en el interior de cada enseñanza. Todos estamos aquí para aprender lecciones. Estoy aprendiendo la relación que hay entre mis pensamientos y mis experiencias, y hago lo mejor que puedo con el conocimiento y el entendimiento que tengo. Para aprender cualquier lección hay que estar dispuesto a cambiar. Mi Yo Espiritual Superior es eterno e inmutable; por lo tanto, lo único que cambia es mi yo humano temporal. Me han enseñado a creer que es difícil cambiar. Pues bien, ahora sé que puedo elegir tragarme eso o creer que es fácil cambiar. Puedo resistirme, negar, enfadarme y construir muros, pero finalmente aprenderé de todas maneras la lección. Lo que más ayuda es estar dispuesto a aprender.

*No puedes ajustar
las Leyes Espirituales
a tu vieja manera de pensar.
Has de aprender
el nuevo lenguaje,
y cuando lo hagas,
la «magia» se manifestará
en tu vida.*

Las leyes de la energía están siempre en funcionamiento

Me protege el mejor seguro que existe bajo el sol: el conocimiento de las Leyes Universales y el deseo de trabajar con ellas en todos los aspectos de mi vida. Aprender las Leyes Espirituales es muy parecido a aprender a manejar un ordenador o un vídeo. Cuando me sereno y aprendo lenta y pacientemente los procedimientos del ordenador, paso a paso, éste funciona maravillosamente bien, y parece magia. Si no hago mis deberes y no sigo las leyes del ordenador al pie de la letra, entonces o bien no pasa nada, o no funciona de la manera como deseo que funcione. El ordenador no cede ni un ápice. Puedo sentir tanta frustración como quiera mientras él espera pacientemente que yo aprenda sus leyes, y entonces me ofrece su magia. Hace falta práctica. Lo mismo ocurre con las Leyes Espirituales.

Hago elecciones nuevas y diferentes, que me apoyen y me sustenten más.

Siempre tengo la libertad de elegir mis pensamientos

Ninguna persona, lugar ni cosa tiene ningún poder sobre mí a no ser que yo se lo dé, porque sólo yo pienso en mi mente. Tengo la inmensa libertad de poder elegir qué pensar. Puedo elegir ver la vida de manera positiva en lugar de quejarme o enfadarme conmigo o con otras personas. Quejarme de lo que no tengo es una manera de llevar la situación, pero no cambia nada. Cuando me amo, al encontrarme en una situación negativa puedo decir: «Me dispongo a dejar marchar lo que hay en mi conciencia que ha contribuido a crear este problema». Todos hemos hecho elecciones negativas en el pasado, pero eso no significa que seamos malas personas, ni que estemos estancados en esas elecciones negativas. Siempre podemos elegir dejar marchar los viejos criterios.

Estoy en paz con la muerte

de mi ser querido.

Estoy en paz con el proceso de duelo

El proceso de duelo por la muerte de un ser querido dura por lo menos un año. Tengo que pasar por cada una de las fiestas especiales que compartí con esa persona. Me doy tiempo y espacio para vivir este proceso normal y natural de la vida. Me trato con amabilidad, me permito experimentar y expresar el dolor. Pasado un año, éste comienza a disiparse. Sé que nunca puedo perder a nadie porque nunca he poseído a nadie. Y volveré a conectar con esa alma en un abrir y cerrar de ojos. Me siento rodeada de cariño, y yo los rodeo de cariño dondequiera que estén. Todo el mundo muere. Los árboles, los animales, los pájaros, los ríos e incluso las estrellas, nacen y mueren, y yo también. Y todo ocurre en el lugar y el tiempo perfectos.

*Haya ocurrido lo que haya
ocurrido en el pasado,
ahora dejo que mi pequeño
niño interior crezca, sea feliz
y sepa que es
profundamente amado.*

Estoy a salvo creciendo

Todos somos hijos amados del Universo, y sin embargo ocurren cosas terribles, como el maltrato de los niños. Se dice que el 30 por ciento de la población ha sufrido malos tratos en su infancia. Eso no es nada nuevo. Ahora estamos en un punto en que comenzamos a permitirnos reconocer cosas que solíamos ocultar tras muros de silencio. Esos muros empiezan a desmoronarse, para que podamos hacer cambios. La toma de conciencia es el primer paso para hacerlos. Aquellos de nosotros que hemos tenido una infancia difícil, nos rodeamos de muros y armaduras gruesos y fuertes. Pero detrás de ellos, el niño pequeño que hay en todos nosotros sólo desea que lo tengan en cuenta, lo amen y lo acepten tal como es, no que lo cambien o lo vuelven diferente.

Mi Yo Superior es inmune a la manipulación y la culpa.

Mi Yo Superior dirige mi vida

No estoy aquí para complacer a los demás ni para vivir mi vida a su manera. Estoy aquí para aprender a amarme y amar a los demás incondicionalmente. Nadie puede manipularme sin mi consentimiento. Cuando no sé quién soy, tiendo a ser lo que otra persona quiere que sea; por lo tanto, me interesa aprender a conocerme. Sé que no tengo que adaptarme al ambiente emocional de ninguna otra persona. Ni tampoco he de manipular a otros para que se adapten a mi ambiente emocional. Cuando se den juegos manipuladores, es importante que conecte con mi niña interior y le asegure que la amo y que juntas vamos a superarlo. Ahora llamo a mi Yo Superior y acepto su amor y sabiduría.

Disfruto de mis momentos

de meditación.

La sabiduría que busco está en mi interior

Por lo menos una vez al día me siento en silencio y entro en mi interior para comunicarme con la sabiduría y el conocimiento que están siempre ahí, sólo a una respiración de distancia. Las respuestas a todas las preguntas que alguna vez haré están allí esperándome. Meditar es una alegría para mí. Me siento en silencio, hago unas cuantas respiraciones, me relajo y voy a ese lugar de paz que hay en mi interior. Un rato después vuelvo al momento presente descansada, renovada y preparada para la vida. Cada día es una nueva y dichosa aventura porque elijo escuchar a mi sabiduría interior, que siempre está a mi disposición. Procede de la esencia de lo que existe detrás del universo de tiempo, espacio y cambio. Cuando medito, conecto con la parte interior profunda e inmutable de mí. Ahí soy energía, soy luz, soy la respuesta ya recibida. Soy el Ser eterno que es aquí y ahora.

Me merezco lo mejor de la vida.

Me merezco experiencias fabulosas

Todas las personas nos merecemos vidas felices y satisfactorias. Como mucha gente, yo solía creer que sólo me merecía unas cuantas cosas buenas. Pocas personas creen que se merecen TODO LO BUENO. No te limites lo bueno. A muchos se nos condicionó a pensar que sólo obtendríamos lo bueno de la vida si nos comíamos todas las espinacas, ordenábamos nuestra habitación, nos peinábamos, nos limpiábamos los zapatos, no hacíamos ruido, etcétera. Si bien es importante hacer todas estas cosas, no tienen nada que ver con la valía interior. Es necesario que sepamos que ya valemos y que, sin cambiar nada en absoluto, nos merecemos una vida maravillosa. Abro los brazos de par en par y declaro con amor que me merezco TODO lo bueno.

Amarme y amar a los demás me permite ser todo lo que puedo ser.

Siempre trabajo para mi mayor bien

El poder que me creó es el mismo con el que colaboro para crear, y sólo desea que yo exprese y experimente mi mayor bien. Hago lo posible para que mi Verdadero Yo sea esencial, y para darle el control de todo. Al hacerlo, amo de verdad a mi Yo. Me abre a mayores posibilidades, a la libertad, a la alegría y a maravillosos e inesperados milagros diarios. Mi Mayor Bien también incluye el mayor bien para los demás. Esto es verdaderamente un acto de amor.

En este Universo me siento

totalmente a salvo

en cualquier parte.

Estoy a salvo

En todo momento tenemos la oportunidad de escoger el amor o el temor. En los momentos de temor me acuerdo del Sol. Siempre está brillando, aunque las nubes puedan oscurecerlo durante un tiempo. Igual que el Sol, el Único Poder Infinito hace brillar eternamente su luz sobre mí, aunque las nubes de los pensamientos negativos puedan oscurecerla temporalmente. Elijo tener presente la Luz. Me siento a salvo en la Luz. Y cuando surgen miedos, elijo verlos como nubes pasajeras y dejar que sigan su camino. No soy mis miedos. Estoy a salvo viviendo sin guardianes y sin defenderme todo el tiempo. Sé que lo que hacemos en nuestro corazón es muy importante; por eso empiezo cada día conectando en silencio con mi corazón. Cuando siento miedo, abro mi corazón y permito que el amor disuelva el temor.

La muerte es una puerta

que se abre a una nueva vida.

Vivo y muero cada día

Todos llegamos en la mitad de la película y nos marchamos en la mitad de la película. No hay un momento bueno ni malo para hacerlo, simplemente es nuestra hora. La muerte no es un fracaso. Mueren los vegetarianos y mueren los carnívoros, mueren los que maldicen y mueren los que meditan, mueren los buenos y mueren los malos; todos morimos. Es un proceso normal y natural. Cuando se cierra una puerta, otra se abre. Cuando se cierra la puerta a esta vida, se abre otra a la siguiente vida. El amor que nos llevamos con nosotros nos recibe en nuestra próxima experiencia. La muerte es una manera liberadora de nacer en la fase siguiente de la vida eterna, imperecedera. Sé que, esté donde esté, siempre estoy a salvo y soy amada, y que la vida me apoya totalmente.

*Recupero
mi poder femenino
ahora.*

Las mujeres sabias no cantan canciones tristes

Hace cien años, una mujer soltera sólo podía ser sirvienta en casa de otra persona, generalmente sin sueldo. No tenía categoría social, ni derecho a opinar; tenía que aceptar la vida como se la daban. En aquellos tiempos, una mujer necesitaba a un hombre para tener una vida completa. Incluso hace cincuenta años, las opciones para una mujer soltera eran limitadas y estrechas. Hoy en día, una mujer soltera tiene todo el mundo por delante. Puede elevarse tan alto como le permitan sus capacidades y su fe en sí misma. Puede viajar, elegir su trabajo, ganar mucho dinero, tener un montón de amigos y alcanzar una gran autoestima. Sí, aún queda mucho por aprender; pero las mujeres hemos estado largo tiempo deseando recuperar nuestro poder. Ahora hay más mujeres solteras que hombres solteros, y tenemos una nueva oportunidad para crecer. Saquemos el mejor partido de ello. No necesitamos tener al hombre adecuado en nuestra vida en este momento. Podemos ser la mujer adecuada para nosotras mismas.

Confío mis negocios
a la Divina Inteligencia
y voy de éxito en éxito.

Mi negocio es hacer lo que me gusta

Confío la administración de mis negocios a la Inteligencia Divina. Posea o no un negocio en el sentido mundano, soy un instrumento empleado por esa Inteligencia Divina. Sólo hay Una Inteligencia, y tiene una espléndida trayectoria en la historia de nuestro sistema solar. Ha guiado a cada uno de los planetas durante millones de años por rutas ordenadas y armoniosas. De buena gana acepto a esa Inteligencia como socia. Me resulta fácil canalizar mi energía para trabajar con esa Poderosa Inteligencia. De ella proceden todas las respuestas, todas las soluciones, todas las curaciones, todas las nuevas creaciones e ideas que hacen de mi negocio una feliz bendición y un éxito.

Puedes enseñar,

pero no puedes forzar.

Amo a los niños
y ellos me aman a mí

La comunicación franca y cariñosa con los niños es una de mis mayores alegrías. Los escucho y ellos me escuchan a mí. Los niños siempre imitan a los adultos. Si un niño o una niña se comporta conmigo de manera negativa, examino mis creencias negativas. Sé que cuando me cure a mí también contribuiré a curar al niño. Afirmo que me amo incondicionalmente; me dispongo a dejar marchar de un modo consciente todas las creencias negativas; me convierto en un ejemplo de persona positiva y cariñosa. Entonces el niño comienza a amarse a sí mismo y su conducta negativa se disuelve, a veces inmediatamente, otras poco a poco. También conecto con mi niña interior. Cuando estabilizo mi vida adulta, mi niña interior se siente a salvo y amada. Con la seguridad y el amor viene la disposición a superar muchos viejos hábitos negativos.

Propago las buenas noticias.

Imagino noticias positivas

Leemos muchas noticias sobre desastres; son muchas las malas noticias que invaden nuestra conciencia. Si lees y escuchas las noticias continuamente, seguro que vives en una perpetua alarma. Yo hace mucho tiempo que dejé de leer los periódicos. Si hay algo que debo saber, alguien me lo dirá. Los medios de comunicación desean vender sus productos y buscan los peores sucesos para atraer nuestra atención. Me gustaría que hubiera un boicot hasta que los medios de comunicación nos contaran por lo menos un 75 por ciento de buenas noticias. Eso nos animaría a todos a ver la vida de manera más positiva. Podríamos comenzar por escribir a los periódicos, revistas y cadenas de televisión pidiendo más buenas noticias. Podemos imaginar que ocurren cosas positivas, y oír el grito que pide amor que se esconde en cada suceso negativo.

Cada momento

es un nuevo punto de partida.

Disfruto con las nuevas maneras de pensar

Titubeamos muchísimo entre las viejas ideas y las nuevas maneras de pensar. Ten paciencia contigo en este proceso. Reprenderte sólo te mantendrá atascado. Es mejor que te des aliento. Cualquier cosa que digas o pienses es una afirmación. Observa y toma conciencia de tus pensamientos y palabras; tal vez descubras que muchos de ellos son muy negativos. Muchas personas tienden a ver la vida con ojos negativos. Ante una situación corriente, como un día lluvioso, dicen algo así como: «¡Qué día más horrible!». No es un día horrible, es un día lluvioso. A veces, para crearse un día maravilloso basta con un ligero cambio en la manera de mirarlo. Dispónte a liberarte de la forma negativa con que miras algo y míralo de una manera nueva y positiva.

Con amor me responsabilizo

de mi cuerpo.

Me nutro con amor

Me quiero lo suficiente para nutrirme con lo mejor que me ofrece la Vida. Aprendo nutrición porque soy un ser valioso, y quiero cuidarme lo mejor posible. Mi cuerpo es especial y diferente de todos los demás; por lo tanto, averiguo qué alimentos asimila mejor. Aprendo todo lo posible sobre la alimentación. Presto atención a lo que como y bebo y me fijo si alguna comida o bebida me sienta mal. Si como algo y una hora después me quedo dormida, comprendo que ese alimento no es bueno para mi cuerpo en ese momento. Busco los alimentos que me dan energía, y los bendigo con amor y gratitud. Me nutren y me alimentan. Me siento sana, feliz y estupendamente bien.

Mi objetivo es amarme

hoy más que ayer.

Mi objetivo es amar
cada momento presente

Pongo amor en mi rutina diaria, ya sea ir al mercado o a la oficina, viajar por el mundo o simplemente estar en casa. Una de las finalidades de la vida es contribuir a sanar el mundo. Así pues, empecemos por nosotros mismos. El centro del mundo es el lugar donde estamos, cualquiera que sea. Nuestros pensamientos salen de nosotros como las ondas producidas por una piedra lanzada a un estanque. Cuando creamos armonía interior mediante pensamientos armoniosos, esa energía sale de nosotros hacia el mundo, y toca a personas, lugares y cosas. Estas vibraciones se sienten y se contestan. Procuremos irradiar armonía y amor.

Soy una persona pulcra

y ordenada.

Todo lo que necesito lo tengo a mano

Me da placer ordenar las cosas de tal manera que cuando las busque, las encuentre con facilidad. Todo está en el Correcto Orden Divino, desde las estrellas en el cielo hasta la ropa en mi armario y los papeles en mi escritorio. Me gusta la ceremonia de mis rutinas diarias, que ejercitan mi cuerpo y entrenan mi mente. Parece que cuando mi vida está en orden, tengo tiempo para ser creativa y abrirme a nuevas visiones. Pero mis rutinas son flexibles, agradables y eficaces; me ayudan a hacer lo que he venido a hacer. Formo parte del plan Divino. Todo está en perfecto orden.

Mi vida está en orden

en un nivel muy profundo.

El Universo está en un perfecto orden

Las estrellas, la Luna y el Sol funcionan en el perfecto orden divino. Hay un orden, un ritmo y una finalidad en su curso. Formo parte del Universo; por lo tanto, sé que hay un orden, un ritmo y una finalidad en mi vida. A veces puede parecer que mi vida es un caos, pero detrás del caos sé que hay un orden divino. Cuando ordeno mi mente y aprendo mis lecciones, el caos desaparece y vuelve el orden. Confío en que mi vida está realmente en el correcto y perfecto orden divino. Todo está bien en mi mundo.

Todo está bien.

Tengo todo lo que necesito.

Tengo muchísimo tiempo

Cuando me impaciento, sé que eso se debe a que no quiero dedicar tiempo a aprender la lección que tengo a mano. Lo quiero hecho ya. O, como escuché una vez: «La gratificación instantánea no es lo suficientemente rápida». Siempre hay algo que aprender, algo que saber. La paciencia es estar en paz con el proceso de la vida, sabiendo que todo sucede en el momento y el lugar perfectos. Si las cosas no se terminan ahora, quiere decir que hay algo más que necesito saber o hacer. La impaciencia no acelera el proceso; es sólo una pérdida de tiempo. De modo que respiro, voy a mi interior y pregunto: «¿Qué es lo que necesito saber?». Después, pacientemente espero recibir la ayuda que está a mi alrededor.

Los padres son personas maravillosas.

Ellos también fueron niños

Ya es hora de que me levante, me apoye en mí y piense por mi cuenta. Ya es hora de que me dé lo que mis padres no pudieron darme. Cuanto más sé de la infancia que tuvieron, más comprendo sus limitaciones. Nadie les enseñó a ser padres. Vivieron las limitaciones de sus propios padres. El problema de los padres es algo con lo que todos nos enfrentamos cada día; de modo que lo mejor que puedo hacer es amarlos tal como son y afirmar que ellos me aman tal como soy. No utilizo a mis padres para explicar ni disculpar las partes negativas de mi vida. Los bendigo con amor y los dejo libres para que sean felices de un modo que tenga sentido para ellos.

Soy consciente del poder

de mis palabras.

Respeto mi mente y mi boca

Presto atención a todas mis palabras y las elijo con cuidado porque deseo crearme experiencias hermosas. En mi infancia aprendí a elegir las palabras de acuerdo con las normas gramaticales. Ahora que soy mayor he descubierto que las reglas gramaticales cambian continuamente, y que lo que en una época es incorrecto, en otra es correcto, y viceversa. La gramática no toma en cuenta el significado de las palabras ni el modo como influyen en mi vida. Mis pensamientos y palabras dan forma a mi vida, igual como un alfarero da forma a la arcilla y la convierte en una escudilla, un jarrón, un plato o una tetera. Yo soy las palabras que pienso y digo. Soy una persona hermosa, inteligente, cariñosa y amable. En el mundo, se respetan mis palabras.

Elijo una manera

pacífica de vivir.

La paz empieza conmigo

Si deseo vivir en un mundo en paz, entonces debo asegurarme de ser una persona pacífica. Sea cual sea el comportamiento de los demás, yo estoy en paz en mi corazón. Declaro la paz en medio del caos y la locura. Rodeo de paz y amor todas las situaciones difíciles. Envío pensamientos de paz a todas las partes del mundo donde hay problemas. Si deseo que el mundo mejore, es necesario que cambie mi forma de verlo. Me dispongo a ver la vida de una manera muy positiva. Sé que la paz comienza con mis propios pensamientos. Cuando tengo pensamientos pacíficos, me conecto con personas de mentalidad pacífica, y juntos contribuimos a traer paz y abundancia a nuestro mundo.

Mis pensamientos

tejen el tapiz de mi vida.

Mis pensamientos
son mis mejores amigos

Solía tener miedo de mis pensamientos porque me hacían sentir mal. Creía que no tenía ningún control sobre ellos. Después supe que mis pensamientos creaban mis experiencias y que podía elegir tener cualquier pensamiento que quisiera. Cuando aprendí a controlar mis pensamientos y a canalizarlos suavemente hacia donde quería que fueran, toda mi vida comenzó a cambiar para mejor. Ahora sé que soy yo quien elige mis pensamientos. Lo que elijo pensar da forma a mi vida. Ahora bien, si surge algún pensamiento negativo, lo dejo pasar como una nube en un día de verano. Elijo dejar marchar los pensamientos de rencor, vergüenza y culpa. Elijo tener pensamientos de amor, paz y alegría y sobre cómo puedo contribuir a sanar el planeta. Mis pensamientos se han hecho mis amigos y disfruto teniéndolos.

*Ahora entran en mi vida
experiencias maravillosas.
Estoy a salvo.*

Presto atención a lo bueno que hay en la vida

Sé que lo bueno reside en todo momento y en todo lugar, y que incluso en la peor situación se puede encontrar un poco de bondad. La pérdida de un trabajo, de un ser querido o de la salud me enfrenta a mis mayores temores. Es normal y natural que tenga miedo. Sin embargo, sé que la naturaleza aborrece el vacío. Cuando algo se va, otra cosa ocupa su lugar. Entonces respiro hondo una vez —o seis— y confío en que la vida siempre va a cuidar de todas mis necesidades. Estoy aprendiendo a confiar. La vida me ama y jamás me abandonará. Sólo ocurre lo que es para mi mayor bien.

*El perdón es el instrumento
de curación que llevo conmigo
a todas partes.*

Me dispongo a perdonar

Me gusta la sensación de libertad que siento cuando me quito la pesada capa de críticas, miedo, culpa, resentimiento y vergüenza. Entonces puedo perdonarme a mí y perdonar a los demás. Eso nos deja libres a todos. Renuncio a darles vueltas y más vueltas a los viejos problemas. Me niego a seguir viviendo en el pasado. Me perdono por haber llevado esa carga durante tanto tiempo, por no haber sabido amarme a mí ni amar a los demás. Cada persona es responsable de su comportamiento, y lo que da, la vida se lo devuelve. Así pues, no necesito castigar a nadie. Todos estamos sometidos a las leyes de nuestra propia conciencia, yo también. Continúo con mi trabajo de limpiar las partes negativas de mi mente y dar entrada al amor. Entonces me curo.

Somos maravillosos seres espirituales que tienen una experiencia humana.

Soy un ser entero y completo

Ningún bebé dice jamás: «Ay, tengo las caderas demasiado grandes» ni «Tengo la nariz demasiado larga». Saben que son perfectos, y nosotros también fuimos una vez así. Aceptábamos nuestra perfección como algo normal y natural. Cuando crecimos, comenzamos a dudar de nuestra perfección y a tratar de volvernos perfectos. No podemos convertirnos en lo que ya somos; sólo podemos aceptarlo. Además, así nos creamos tensión y agotamiento. No hay nada malo en ninguno de nosotros. Así pues, afirmemos nuevamente que somos Expresiones Magníficas y Divinas de la Vida y que, en realidad, todo está bien en nuestro mundo.

Amo el planeta.

Valoro el hermoso mundo en que vivo

La Tierra es una madre sabia y amorosa. Nos provee de todo lo que podemos necesitar. Cubre todas nuestras necesidades. Nos proporciona agua, alimento, aire y compañía. Tenemos una variedad infinita de animales, plantas, pájaros, peces, y una belleza increíble. Hemos tratado muy mal a nuestro planeta estos últimos años. Hemos estado agotando nuestros valiosos recursos. Si continuamos destrozando y ensuciando el planeta, no tendremos ningún lugar donde vivir. Me comprometo a cuidar y mejorar con amor la calidad de vida en este mundo. Mis pensamientos son de limpieza, amor e interés por el planeta. Actúo con amor y amabilidad dondequiera que puedo. Reciclo, preparo abono orgánico para el jardín y mejoro la calidad de la tierra. Es mi planeta y contribuyo a hacer de él un lugar mejor para vivir. Cada día dedico unos momentos de tranquilidad a imaginar un planeta en paz. Me imagino las posibilidades de un medio ambiente limpio y sano, y a todos los gobiernos trabajando juntos para equilibrar sus presupuestos y manejar con justicia el dinero. Veo a todas las personas del mundo abriendo su corazón y su mente y trabajando unidas para crear un mundo en el que todos estemos seguros para amarnos mutuamente. Es posible. Y comienza conmigo.

El momento del poder es éste,

. el momento presente.

Reclama tu Poder.

Acepto mi poder

Tienes el poder de sanar tu vida, y necesitas saberlo. Muchas veces pensamos que somos impotentes, pero no es así. Siempre tenemos el poder de nuestra mente. ¿Usas la mente para pensar que eres una víctima? ¿Vas por ahí enfadándote contigo o quejándote de los demás? ¿Crees que no tienes ningún poder para hacer algo que cambie tu vida? Eso es ceder tu poder. Tu mente es un instrumento poderoso. Reclama y usa conscientemente tu poder. Tienes el poder de elegir ver que las cosas se solucionan. Reconoce que estás siempre en conexión con el Único Poder, con la Inteligencia que te ha creado. Siente y aprovecha ese apoyo. Está ahí.

Todos somos uno.

El amor es más profundo
que las diferencias

La nueva energía del planeta es amorosa. Cada día dedico un tiempo a abrir mi mente y mi corazón para sentir un parentesco con todo el mundo. Sea cual sea el lugar donde nacimos o nos criamos, el color de nuestra piel o la religión en que fuimos educados, todo y todos estamos conectados al Único Poder, y a través de él se satisfacen nuestras necesidades. Tengo una comunicación afectuosa, sincera y cálida con todos los miembros de mi familia terrenal: con aquellos que ven la vida de manera tan diferente, con los más jóvenes, los mayores, los homosexuales, los heterosexuales, los de diferente color… Soy miembro de la comunidad de la Tierra. Las diferencias de opinión son variedades de expresión maravillosas y pintorescas, no motivos para formar bandos o ir a la guerra. Cuando disuelvo mis prejuicios, el planeta entero es bendecido. Hoy se abre un poco más mi corazón al emprender el trabajo de crear un mundo donde estemos seguros para amarnos mutuamente.

El dinero puede ser uno

de mis mejores amigos.

El dinero es una de las cosas más fáciles de demostrar

Esta afirmación suele fastidiarnos, sobre todo si tenemos dificultades económicas. Nuestras creencias sobre el dinero están tan arraigadas que es difícil hablar de ellas sin que surjan muchas emociones. Es más fácil hacer un seminario sobre la sexualidad que sobre el dinero. Nos enfadamos muchísimo cuando se nos dice algo en contra de lo que pensamos del dinero. Sé consciente de lo que realmente sientes con respecto al dinero. Podrías mirarte en un espejo y decir: «Mi mayor preocupación con respecto al dinero es ....». Entonces relájate y deja que surjan tus sentimientos. Tal vez te escuches decir: «No puedo cuidar de mí», o «Voy a ser pobre igual que mi padre», o «Pasaré hambre y me convertiré en un mendigo». Escucha lo que surge y escríbelo. Tal vez te encuentres diciendo: «Si esto es lo que creo, con razón no tengo la prosperidad que deseo». Toma conciencia de cuáles son las creencias que bloquean el caudal de dinero. Después comienza a cambiarlas. En lugar de seguir pensando «Voy a pasar hambre», empieza a amarte con nuevos pensamientos como, por ejemplo, «Estoy a salvo en el mundo. Se me proporciona todo lo que necesito. Ahora me permito tener buenos ingresos».

*El trabajo interior
siempre mejora la calidad
de nuestra vida.*

Cada día presto atención a alguna nueva idea que mejore la calidad de mi vida

Soy un simple ser humano con una estructura de creencias sorprendentemente compleja. Estoy aprendiendo a llegar al amor que hay detrás de las apariencias de cada uno de mis problemas personales. Soy amable y paciente conmigo mientras aprendo, crezco y cambio. La vida parece fluir con mucha mayor facilidad cuando hago las paces conmigo en mi interior. Es importante que sepa que puedo cambiar sin considerarme por ello una mala persona. Durante mucho tiempo creí que tenía que sentirme malo o equivocado para poder cambiar. Pensaba que era esencial, pero no lo es. Eso simplemente hace más difícil cambiar. Cuando parto de una amorosa autoaceptación, entonces los cambios positivos que deseo vienen a mí con mucha más facilidad. Mejorar, al fin y al cabo, es algo natural.

Tengo una conciencia

próspera.

Siempre tengo todo lo que necesito

He heredado un gran tesoro: el amor de mi corazón. Cuanto más comparto mi tesoro con los demás, más riqueza tengo. La prosperidad comienza por sentirme a gusto conmigo. No importa cuánto dinero tenga. Si no me siento a gusto conmigo, no puedo disfrutar verdaderamente de ninguna cantidad de dinero. La casa, el coche, la ropa, las amistades, la cuenta bancaria, son solamente reflejos de mis pensamientos sobre mí, y, esté donde esté o pase lo que pase, siempre puedo cambiarlos. La verdadera prosperidad no es nunca una cantidad de dinero; es un estado mental. Mi mente está abierta para recibir la prosperidad. Una vez al día abro de par en par los brazos y digo: «Me abro para recibir todo lo bueno, toda la abundancia del Universo».

Limpio continuamente
las habitaciones de mi mente.

Las sencillas tareas de la casa son muy fáciles para mí

Me divierto realizando los quehaceres domésticos. Comienzo en cualquier parte y avanzo por las habitaciones con instinto artístico. Tiro la basura, quito el polvo y saco brillo a los objetos que valoro. Todos tenemos un conjunto de creencias, y al igual como nos sentamos en un cómodo sillón para leer, nos quedamos sentados en esas creencias una y otra vez. Nuestras creencias crean nuestras experiencias. Algunas nos crean experiencias maravillosas, y otras pueden ser como un viejo sillón incómodo del que no queremos desprendernos. Sé que puedo tirar las viejas creencias y escoger otras nuevas que mejoren de manera importante la calidad de mi vida. Es como limpiar la casa. Necesito limpiar periódicamente mi casa física, ya que si no llegaría un momento en que no podría vivir en ella. Es necesario limpiar, aunque sin ser una fanática de la limpieza. Física y mentalmente lleno de amor las habitaciones de mi casa.

*Todas mis experiencias
forman parte de la riqueza
y plenitud de mi vida.*

Me acepto por entero

La vida es sagrada. Abrazo contra mi corazón todas las partes de mi ser: el bebé, la niña, la adolescente, la joven, la adulta y mi yo futuro. Acepto todos mis errores, vergüenzas, heridas, dolores... como partes de mi historia. En mi historia están todos mis éxitos y mis fracasos, todas mis equivocaciones y todas mis intuiciones y percepciones correctas; todo ello es valioso de modos que no necesito llegar a entender. A veces las partes dolorosas de mi historia ayudan a los demás a comprender sus sufrimientos. Cuando otras personas me cuentan sus penas, las compadezco. Ahora siento esa misma compasión por mí. Me relajo porque sé que todo en mí es aceptable.

Mi mejor relación es la que

tengo conmigo.

Estoy haciendo mucho sitio para el amor

Las amistades son maravillosas y los matrimonios también, pero son temporales porque muchas veces llega un momento en que acaban. La única persona con quien estaré siempre soy yo. Mi relación conmigo es eterna. Por eso soy mi mejor amiga. Dedico un tiempo cada día a conectar con mi corazón. Me calmo y siento fluir mi amor por mi cuerpo, disolviendo temores y culpas. Siento cómo el amor baña todas las células de mi cuerpo. Sé que siempre estoy en conexión con un Universo que me ama y nos ama a todos incondicionalmente. Este Universo que ama sin condiciones es el Poder que me ha creado y que siempre está conmigo. Cuando creo en mí un lugar seguro para amar, atraigo a personas amorosas y experiencias de amor. Ya es hora de que deje marchar mis ideas sobre cómo deben ser las relaciones.

Me amo y estoy a salvo.

Me amo lo suficiente para evitar riesgos en mis relaciones sexuales

Durante cientos de años, o quizá durante miles, las mujeres han llevado toda la carga de la seguridad en las relaciones sexuales. Si no tomaban medidas, se exponían a contraer las enfermedades infecciosas de la época y a quedarse embarazadas. Actualmente, los hombres, sobre todo los homosexuales, están comenzando a comprender lo que es esto. Cuando el cuerpo está en el ardor de la pasión, no quiere escuchar a la mente que le da instrucciones sobre la seguridad. ¿Qué se le dice a alguien que se niega a usar preservativos? La respuesta siempre está en relación con el nivel de autoestima. Si tu amor por ti y tu autoestima son fuertes, te vas a negar a tener relaciones sexuales no seguras. Si te consideras muy poca cosa, probablemente vas a «ceder», esperando que todo salga bien. ¿Cuánto te amas? ¿Cuánto vas a permitir que abusen de ti? Cada vez menos, a medida que crezca tu amor por ti. Las personas que se aman a sí mismas no abusan ni de ellas mismas ni de las demás.

Mi religión se basa en el amor.

Conecto con el Poder
que me ha creado

Estoy en calma y a salvo cuando conecto con la Inteligencia Única e Infinita, con el Poder Eterno que me creó a mí y ha creado todo lo que existe en el Universo. Siento este poder dentro de mí. Todos los nervios y células de mi cuerpo saben que este poder es bueno. La realidad de mi Ser está siempre conectada con ese Poder que me creó, al margen de lo que me diga cualquier religión. El salvador de mi vida está dentro de mí. Cuando me acepto y sé que valgo, me abro al poder sanador de mi propio amor. El amor del Universo me rodea y habita en mí. Merezco ese amor, que ahora circula por mi vida. Busca un concepto de Dios que te apoye.

Me libero y perdono.

Dejo marchar la necesidad
de vivir en el rencor

Los bebés expresan libremente su enfado. A medida que crecemos vamos aprendiendo a guardarnos la rabia, que se convierte en rencor. Se aloja en el cuerpo y lo corroe. En el pasado, igual que muchas personas, yo vivía en una prisión de rencor justiciero. Pensaba que tenía derecho a estar furiosa debido a todo lo que «ellos» me hacían. Me llevó mucho tiempo comprender que aferrarme a la amargura y el resentimiento me hacía mucho más daño que el incidente que había provocado esos sentimientos. Cuando me negaba a perdonar, era yo quien sufría y me hacía daño. La puerta de mi corazón estaba sellada, no podía amar. Aprendí que perdonar no significa justificar el comportamiento negativo de otra persona. Dejar marchar mi rencor me liberó de la prisión. Se abrió la puerta de mi corazón y descubrí que era libre. Perdono, dejo marchar y vuelo libre.

Soy responsable de mi poder

en mi vida.

Acepto mis responsabilidades

La primera vez que nos dicen que somos responsables de nuestras experiencias creemos que se nos censura, y nos sentimos culpables y equivocados. Pero la culpa no tiene nada que ver en esto. Comprender que somos responsables es un gran don que se nos concede, porque el mismo poder que ha contribuido a crear las experiencias puede también cambiarlas. Pasamos de ser impotentes ante las circunstancias a ser capaces de modelar y dar forma a nuestra vida de un modo positivo. Cuando aprendemos a usar nuestros pensamientos de manera productiva, nos convertimos en personas poderosas. Tenemos el poder de responder ante las circunstancias, de hacer cambios y de mejorar la calidad de nuestra vida.

Creamos nuestros

sentimientos con los

pensamientos que elegimos

tener. Podemos elegir y crear

experiencias diferentes.

Los sentimientos son pensamientos en movimiento en nuestro cuerpo

Sólo podemos sanar lo que sentimos, de modo que hemos de permitirnos tener nuestros sentimientos. Son muchas las personas que juzgan sus sentimientos; creen que «no deben» enfadarse, pero se enfadan. Buscan el modo de desahogar sus sentimientos. Hay muchas maneras inofensivas de expresar los sentimientos. Podemos golpear almohadas, gritar dentro del coche, correr, jugar al tenis. Podemos tener una acalorada discusión frente al espejo con la gente con quien estamos enfadados o resentidos, o a quien tememos. Imagínate a esa persona delante de ti. Mírala en el espejo y dile cómo te sientes. Dilo todo, y cuando hayas terminado di algo así: «Muy bien, ya está. Te libero y te dejo marchar. Ahora bien, ¿qué es lo que pienso sobre mí que me ha creado esto? ¿Qué creencia podría cambiar para no reaccionar con rabia todo el tiempo?». Este es un momento increíble para estar vivo. Sé amable contigo mientras aprendes tus lecciones y avanzas por la vida.

No puedo sentirme un ser perdido, solo y abandonado, porque resido en la Inteligencia Divina.

Hay una sola Inteligencia

Cuando me siento perdido o se me extravía algo que necesito, detengo mis pensamientos de terror y entro en la Inteligencia que hay en mi interior y sabe que jamás nada se pierde en la Mente Divina. Esta Inteligencia está en todas partes, en todo lo que me rodea, y también en lo que ando buscando. Está en mi interior Aquí y Ahora. Afirmo que esa Inteligencia hace que encuentre lo que estoy buscando en el momento preciso y el lugar adecuado. Nunca me atasco. Varias veces durante el día dejo marchar mis identidades limitadoras y me recuerdo quién soy en realidad: una Expresión Magnífica y Divina de la Vida creada por una Inteligencia Amorosa e Infinita. Todo está bien.

Soy un ser perfecto, física,

sexual, mental y

espiritualmente.

Estoy en paz con mi sexualidad

Creo que antes de nacer en cada vida, elegimos nuestro país, nuestro color, nuestra sexualidad y la pareja perfecta de padres que se adecuen a lo que hemos elegido trabajar en esta vida. Al parecer, en cada vida elegimos una sexualidad diferente. A veces soy hombre, a veces mujer. A veces soy heterosexual, a veces homosexual. Cada forma de sexualidad tiene sus propias áreas de satisfacción y de desafíos. A veces la sociedad aprueba mi sexualidad y otras no. Sin embargo, todas esas veces soy un ser perfecto y completo. Mi alma no tiene sexualidad. Sólo la tiene mi personalidad. Amo y mimo todas las partes de mi cuerpo, incluidos mis genitales.

Por mucho que se me ponga a prueba, sé que soy una persona amada.

Esto también pasará, y todos creceremos y nos beneficiaremos de ello

En esto, vamos avanzando por mares desconocidos. Y todas las personas implicadas están haciendo lo mejor que saben con el conocimiento y el entendimiento que tienen en este punto del tiempo y el espacio. Enorgullécete de ti por hacer más de lo que te creías capaz de hacer. Recuerda que siempre ha habido una persona en algún lugar del planeta que ha sanado de cada una de las enfermedades que hemos creado. Tiene que haber una respuesta. No importa cuál sea nuestra lengua; el amor nos habla a todos desde el corazón. Dedica un tiempo cada día a estar en silencio y sentir cómo circula el amor por tus brazos y piernas, por cada órgano de tu cuerpo. El amor es un poder sanador, abre todas las puertas, es un Poder Universal siempre dispuesto a ayudarnos a superar todos los desafíos de la vida. Abre tu corazón. Deja que el amor fluya. Siente tu Unión con el Poder que te creó.

*Mis pensamientos me apoyan
y fortalecen mi sistema
inmunitario.*

Mi cuerpo es inteligente

Cada día que pasa me resulta más y más fácil darme una buena dosis de Amor Incondicional. Creo que lo que me contagio depende de dónde estoy en mi conciencia. ¿Creo que «la vida es dura y siempre me toca la peor parte»? ¿O que «valgo tan poco que de todas maneras da igual»? Si mis creencias van por estos derroteros, entonces mi sistema inmunitario (que registra mis pensamientos y sentimientos) se va a debilitar y se abrirá a cualquier microbio o germen que ronde por ahí en ese momento. Sin embargo, si creo que «la vida es dicha, merezco el amor y mis necesidades siempre se satisfacen», entonces mi sistema inmunitario se sentirá apoyado y mi cuerpo se defenderá de las enfermedades con más efectividad.

Estoy bien económicamente.

Voy más allá de la economía

Permito que mis ingresos aumenten constantemente, digan lo que digan los periódicos y los economistas. Voy más allá de mis ingresos actuales y de los pronósticos económicos. No hago caso de la gente que me dice hasta dónde puedo llegar o qué puedo hacer. Supero con facilidad los ingresos de mis padres. Mi conciencia de la situación económica se expande constantemente y asimila nuevas ideas, nuevas maneras de vivir con plenitud, comodidad y belleza. Mis talentos y capacidades son más que suficientes, y es sumamente agradable para mí compartirlos con el mundo. Supero toda sensación de no merecimiento y avanzo hacia la aceptación de un nivel totalmente nuevo de seguridad económica.

Mis sueños son experiencias

felices y amorosas.

Mi cama es un lugar seguro

Por favor, que lo último que hagas antes de irte a dormir no sea escuchar las noticias por la radio o verlas por la televisión. Las noticias suelen ser una lista de desastres y no conviene llevarse desastres al estado onírico. Mientras dormimos, hacemos mucho trabajo de limpieza; puedes pedir ayuda a los sueños para cualquier cosa con la que estés trabajando. Con frecuencia encontrarás una respuesta por la mañana. Prepárate para dormir haciendo algo especial que te sirva para tranquilizarte. Podrías hacer estas afirmaciones: «Cada rincón de mi mundo es un lugar seguro», «Estoy a salvo, incluso en la oscuridad de la noche mientras duermo», «Sé que el día de mañana cuidará de sí mismo», «Mis sueños son felices», «Despierto sintiéndome a salvo», «Me encanta despertar». Si un sueño me despierta, le pido que me hable de sí mismo. Tus prácticas mentales diarias pueden comenzar antes de que abras los ojos. En silencio, mientras aún estás bajo las mantas, agradece la cómoda cama que tienes y todos tus demás bienes.

Bendice la buena fortuna de otras personas. Has de saber que hay abundancia para todos.

La prosperidad de los demás refleja mi propia abundancia

Mi conciencia determina mi prosperidad. La Inteligencia Única e Infinita siempre me dice SÍ, y yo digo SÍ a todo lo bueno. El reverendo Ike, conocido evangelista de Nueva York, recuerda que cuando era un pobre predicador pasaba junto a buenos restaurantes, casas hermosas y coches de fábula y decía en voz alta: «Esto es para mí, esto es para mí». Me alegro en voz alta cuando veo la abundancia y mentalmente hago lugar para que entre en mi vida. Agradecer lo que se tiene contribuye a que aumente. Esto funciona para las capacidades, el talento y la buena salud. Reconozco la prosperidad en todas partes y me alegro de ella.

Me encanta experimentar

todas las edades.

Disfruto con cada año que pasa

En la primera parte de este siglo, la esperanza de vida era de 49 años. Actualmente es de más o menos 85. Mañana será de 125. Ya es hora de que cambiemos la manera de considerar nuestros años de vejez. No aceptemos la idea de que hemos de enfermar y morir solos y asustados. Ya es hora de dejar anticuadas las residencias para ancianos y de aprender a responsabilizarnos de nuestra salud. Controlamos nuestros pensamientos y nos creamos una vejez mucho más estupenda que la de cualquier otra generación. Me veo vital, sana, plenamente viva, contribuyendo hasta mi última hora. Estoy en paz con mi edad. A medida que entro en mis mejores años, me permito ser una Anciana de la Excelencia. Voy a la cabeza, enseñando a otros a estar plenamente vivos en cada edad. Cada uno de nosotros tiene la capacidad de contribuir en la sociedad y hacer del mundo un lugar mejor para nuestros nietos.

Mis pensamientos

contribuyen a mi seguridad.

Dulcemente enfoco mi mente en las cosas hermosas de la vida

Camino por este planeta con seguridad y a salvo, sabiendo que siempre estoy en conexión con el Universo, benévolo e ilimitado. En la oscuridad de la noche solía escuchar ruidos aterradores. Sentía miedo de lo desconocido. En la oscuridad de mi mente solía pensar cosas terribles. Volvía a repasar terrores de mi niñez, ya pasados. Me encogía de miedo ante accidentes imaginados. Sin embargo, en el momento presente puedo elegir dejar atrás esos terrores y usar mi mente para pensar que ocurren cosas buenas. Elijo una imagen nítida y positiva que tiene sentido para mí y la tengo a mano para esos momentos en que necesito dejar de aterrorizarme con mis pensamientos. Soy responsable de lo que pienso y me niego a dejarme abrumar por pensamientos de miedo. Le pido al Amor Universal que me ayude a solucionar todos mis problemas. Estoy a salvo. Todo está bien.

Jamás tengo prisa
porque tengo toda una vida
por delante.

Tengo todo el tiempo del mundo

El tiempo es exactamente lo que yo hago que sea. Si elijo sentirme apurada, entonces el tiempo se acelera y no tengo suficiente. Si elijo creer que siempre tengo tiempo para hacer las cosas que deseo hacer, entonces el tiempo transcurre más despacio y realizo lo que me he propuesto. Si me encuentro en un atasco de tráfico, inmediatamente afirmo que todos los conductores vamos a hacer lo posible para llegar cuanto antes. Respiro hondo y bendigo con amor a los demás conductores, y sé que llegaré a mi destino en el momento perfecto. Cuando logro ver la perfección de cada experiencia, nunca tengo prisa ni me retraso. Estamos en el lugar adecuado y en el momento preciso, y todo está bien.

Estoy donde estoy porque

tengo algo que aprender aquí.

Mi corazón rebosa de orgullo cuando pienso en el trabajo que hago.

Me encanta levantarme sabiendo que tengo un trabajo importante que hacer hoy. Mi trabajo es estimulante y profundamente satisfactorio. Comienzo cada día bendiciendo con amor mi situación actual. Sé que el trabajo de cada día es sólo un peldaño en mi camino y que estoy donde estoy debido a mis pautas de pensamiento. Si no me gusta el lugar donde estoy, trabajo mentalmente para conectar con la Sabiduría Divina que habita en mi interior, donde todo el tiempo se están abriendo nuevas puertas. Allí siempre tengo ocupación, siempre soy una persona productiva. Recuerdo que en mi cuerpo hay millones de células, empleadas las 24 horas del día, realizando un trabajo maravilloso. Mientras ellas hacen su trabajo, también yo hago el mío de responder a las necesidades de mi alrededor. Mi Poder superior trabaja a través de mí mientras yo trabajo en el mundo.

Estoy en el periodo de transición más fabuloso, y disfruto de cada momento.

Me dispongo a cambiar

Estamos viviendo un periodo de transición. Ya es hora de liberarnos de viejas creencias y de aprender otras nuevas. La soledad, la rabia, el aislamiento, el miedo y el dolor forman parte del viejo síndrome de temor, y eso es realmente lo que necesitamos cambiar. Necesitamos salir del miedo para entrar en el amor. En la Era de Piscis buscamos fuera de nosotros a otras personas que nos salvaran. En la Era de Acuario, en la que estamos entrando, comenzamos a ir hacia nuestro interior y a descubrir que tenemos el poder de salvarnos a nosotros mismos. Esto es algo maravilloso y liberador. Algunas personas se asustan porque les parece una responsabilidad, pero en realidad es nuestra capacidad para responder a la vida no como víctimas sino de una manera que nos da poder. Es una sensación fabulosa no tener que depender de los demás y saber que en nuestro interior tenemos enormes capacidades para hacer cambios positivos en nuestra vida.

Pon amor en tus viajes.
El amor va en todas
direcciones, de modo que sabes
que, adondequiera que vayas,
allí está el amor esperándote.

Soy una persona tranquila cuando viajo

A lo largo del día compruebo el nivel de tensión de mi cuerpo. Esté donde esté, dedico un momento a sentarme con calma, respirar profundamente y liberar cualquier tensión que tenga. Estoy en completa armonía con la vida. Mi búsqueda interior y mis actividades exteriores me llevan de experiencia en experiencia. Todo está bien. Todo tipo de transporte que utilice es seguro: aviones, trenes, autobuses, coches, camiones, barcos, trineos, patines, bicicletas, todos. Cuando salgo de viaje, me preparo mentalmente sabiendo que estoy siempre a salvo. Ordeno mis pertenencias para tenerlas a mano y sentir que me organizo bien, y alegremente me dirijo a mi destino.

En la unicidad no hay competitividad ni comparaciones.

Soy un ser único, como también lo son todos los demás

Todos somos uno en el Espíritu. Sin embargo, mi cara es una expresión única y diferente de la cara de Dios. Tú y yo no tenemos por qué ser iguales. Aunque muchas personas vivan su vida según lo que piensen los demás, yo puedo elegir seguir a mi corazón y dejar que los demás piensen lo que quieran. No soy ni demasiado ni demasiado poco y no tengo por qué demostrar lo que soy ante nadie. Elijo amarme y cuidar de mí como la Expresión Divina y Magnífica de la Vida que soy. Ser yo es una aventura estimulante. Sigo a mi estrella interior y brillo a mi manera, única y especial. ¡Amo la vida!

Estoy a gusto con mi

valía personal.

¡Soy capaz!

Cuanto más me apoyo con amor y aceptación, más valiosa me siento, y esto me hace sentir mejor. De hecho, me siento estupendamente, empiezo a permitir que me sucedan cosas buenas, empiezo a ver oportunidades que antes no veía. Dejo que la vida me lleve en nuevas e interesantes direcciones. Permito que mi mente vaya más allá de lo que creía posible. Me siento digna de la totalidad de las posibilidades, y de pronto la vida se vuelve muy interesante. Comprendo que tengo derecho a tener la vida que quiero. Tal vez podría cambiar esto o aquello, quitar alguna vieja creencia, superar alguna antigua limitación, ¡y soy capaz de hacerlo! ¡Sí! Soy un ser valioso y me merezco TODO LO BUENO.

Elijo pensamientos que me hagan sentir a gusto con el envejecimiento.

Estoy en la edad perfecta

Cada año es especial, precioso, y está lleno de maravillas. Ser anciano es tan especial como ser niño. Sin embargo, en mi cultura hay mucho miedo a envejecer. Hemos convertido el envejecimiento en algo terrible, terrible. Hemos creado un culto a la juventud que es perjudicial para todos. Me hace ilusión envejecer. La alternativa es dejar el planeta. Elijo amarme en todas las edades. El hecho de que sea vieja no significa que tenga que enfermar ni tener achaques. No necesito estar enchufada a máquinas ni sufrir en una residencia de ancianos para abandonar el planeta. Cuando me llegue la hora de irme, lo haré con suavidad; tal vez me iré a la cama a echar una siesta, y me marcharé pacíficamente.

Que tu madre te grabe una cinta diciéndote que eres una persona maravillosa.

Vivo en el Ahora

Las viejas cintas de mi infancia solían dirigir mi vida. La mayoría de las personas tienen grabadas en su interior 25.000 horas de cintas parentales. Muchas de estas viejas cintas contienen una gran cantidad de mensajes negativos, críticas y «deberías». Ahora elijo borrarlas y volverlas a grabar con mensajes nuevos y positivos. Escucho mis pensamientos más íntimos, y cuando percibo alguno que me hace sentir mal, le doy la vuelta. Así grabo mensajes positivos encima de los negativos. No hay que escuchar obedientemente las viejas tonterías; graba encima de ellas. Sé que soy una persona capaz, que me merezco vivir. De veras creo que merezco una vida maravillosa. Estoy aquí por un propósito. Tengo el poder de cambiar las cintas. Esos viejos mensajes negativos no son la verdad de mi Ser.

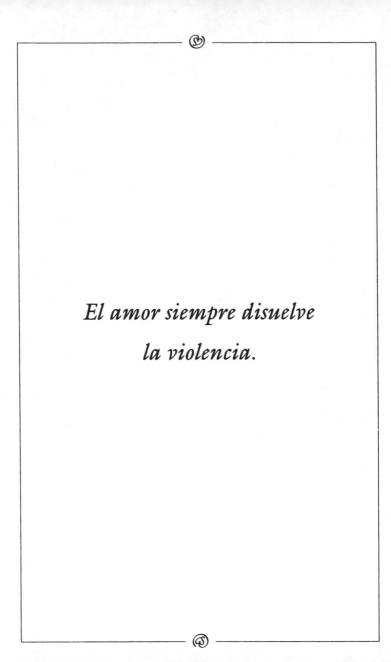

El amor siempre disuelve

la violencia.

Creo en el poder del amor

El amor está más al fondo que la violencia. El amor habita en el corazón de todos los seres humanos de esta Tierra. Dondequiera que haya violencia en este mundo, el problema es el amor que hay más al fondo tratando de hacerse oír. Estoy aprendiendo a escuchar este clamor silencioso que hay dentro de cada caso de violencia. Creo en los instrumentos de mi mente, y con ellos rompo los lazos que me atan a estas experiencias negativas y avanzo hacia las posibilidades nuevas y positivas. Muchas personas aún no han aprendido a usar su mente como instrumento creativo, de modo que viven según las creencias en que fueron educadas. Sin embargo, las creencias sólo son pensamientos, y los pensamientos se pueden cambiar. Me amo; por lo tanto, ya no ejerzo violencia sobre mí ni sobre nadie con pensamientos crueles, críticas duras ni juicios severos. Me amo; por lo tanto, dejo marchar todos los pensamientos punitivos. Me amo; por lo tanto, renuncio al papel de víctima y a castigar a los demás, y me perdono si alguna vez lo he hecho. Me perdono y perdono a los demás.

Notas personales

Notas personales

Notas personales

Notas personales

Notas personales